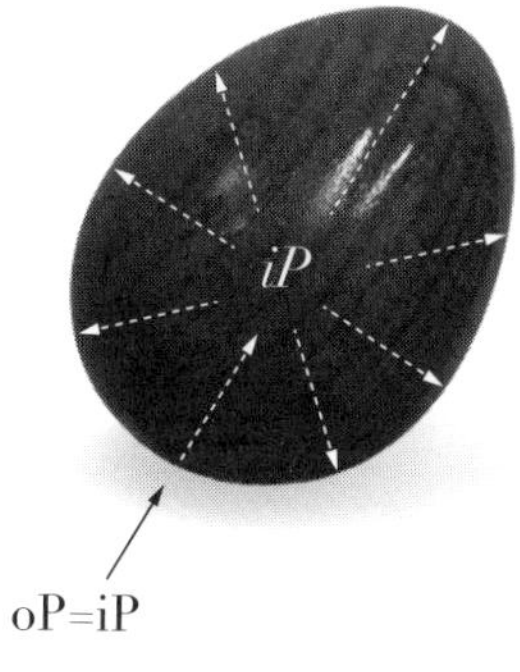

チャレンジ

-My Challenge-

高階經和
Tsunekazu Takashina MD,PhD,FACC,FAHA

毎日新聞出版

プロローグ

わたしは自分の人生を振り返ってみると随分いろいろな経験をしてきたことに気が付いた。その経験がわたしを成長させてくれたのも事実である。

本書はわたしの少年時代から始まった第二次世界大戦中の出来事や父親の死で教えられたこと、そして現在まで医師として歩いてきた七十年に亘る記録である。その間、国内外の多くの先輩や友人達から教えられ様々な経験をしてきたが、臨床心臓病医としてアメリカのチュレーン大学で学んだ四年間が、わたしに臨床医として進むべき道を開いた。何度も失敗を経験してきたが、「失敗を恐れず懸命に努力すれば必ず成果が得られる」「医学の原点は臨床にある」という恩師ジョージ・E・バーチ教授の言葉を信じ、臨床から得られた興味や好奇心によって臨床診断に応用できる方法や教育資料を作り出してきた。人生にとって大切なことは良き師匠に巡り合うこと、使命感を持つこと、そして時に反省することである。「医学の歴史は過ちの歴史である」という言葉は、医学に限らず他の全ての分野にも通じる言葉だと思う。

本書は一人の人間が歩んだ物語であり、一般の方々のためにも、わたしが体験した出来事や生き方を記し、少しでも皆様のご参考になればこれに過ぎた喜びはない。

人生とは四つの時期で成り立っている?

一般に人生を四分割してみると「少年期」「青年期」「壮年期（あるいは「実年期」と呼ぶ人もいる）」「老年期（「前期高齢者」（young old）と「後期高齢者」（old）、「超高齢者」（very old）と呼ぶのが相応しいという考え方が定着してきた）」に分かれる。果たしてそうだろうか?

わたしの少年期は昭和一桁生まれの方々と同様、戦争を体験したことになるが、自らの少年時代を振り返って話す人々が段々少なくなってきた。今や社会の中枢を占めている方々は第二次世界大戦後生まれである。戦時中の国民生活はテレビドラマや、ドキュメンタリー番組を通して紹介されているので想像することはできるが、二度とあのような生活は経験したくないというのが、偽らざるわたしの気持ちだ。

人生百年時代となり、人々の生活が豊かになったため、社会的に働ける実年齢が伸びたことは確かだ。学問の世界でも論文発表数が多ければ、その人物は専門職として価値が高いと考えられるのはどうかと思う時がある。世界の文化や学問の世界で社会貢献に寄与したと認められた時、最高の栄誉として「ノーベル賞」が与えられることは誰もが知っている事実だ。

よく考えてみると、人生は年齢や環境により社会的貢献度が異なる。全ての職業を数字だけで云々することで「人生の充実度」（Quality of Life＝ＱＯＬ）は計れないし、一概には言えない。単純に人生は数で評価できるものではないからだ。各分野で成功を収め莫大な富を手にする人間だけが人生の成功者ではない。人生には成功も失敗もあり、そして予期せぬ病気に仕事を休まなければならなくなり、怪我をすることもある。人生は財産の有無によって決めることはできない。

全く思いも掛けないことであったが、わたしは東京都の霞が関にある「イイノホール」で、二〇二二年六月五日のＮＨＫ Ｅテレ「心臓フォーラム２０２２～心不全から心臓を守ろう～」というＴＶシンポジウムにＶＴＲ出演を依頼された。パネリストには東京大学大学院医学系医学部循環器内科の小室一成教授をはじめ四名のパネリストが参加し、中にはタレントの関根勤さんもいた。

テレビ・ディレクターの中村憲一氏から一般の視聴者のためできるだけ易しく解説

して頂きたいとの要望もあり、私は心不全の原因となる大動脈弁狭窄症（心臓弁膜症の一つ）について「心音疑似法」（Cardiophonetics＝口真似で心音や心雑音を再現）を使い、弁狭窄症が軽い場合は「ダハァ・タ」と聴こえ、中等症では「ダ・ガァタ」、そして重症では「ダ……ガハアタ」に近い音に聴こえると狭窄の程度によって心雑音が変わる状態を両手と指先を使いジェスチャーで再現し、分かり易く解説を行った。

わたしの説明が終わるや、すぐに小室教授から「髙階先生は聴診の大家で我々循環器分野のレジェンドです」という趣旨のコメントを頂き、恐縮した。また関根さんも「ベテランの先生は聴診器一本で診断されるのですね」と感銘を受けたようにコメントした。

二時間四十分に及ぶシンポジウムはいろいろな角度から議論が交わされ実りのあるものであったとわたしは思っている。このプログラムに参加したことで、我々公益社団法人が臨床教育を心臓病患者シミュレータ「イチロー君」を使った研修を実施している風景などが紹介された。本書の最後に紹介する仮想診察シミュレータ「iＰａｘ」はパーソナル・シミュレータと位置づけ、わたしがiＰａｘは既に医師国家試験にも採用されていることが決まったことを話している風景が紹介された。今回、ＮＨＫＥ

テレのＶＴＲ出演は社会に対する啓発活動の一環であったと思っている。

人は自ら満足のいく人生を歩み、社会に貢献した時に初めてその人の価値が決まるからだ。人生とは簡単に四分割できないものである。

目次

第2章　1962年秋——1969年秋——1971年秋——　37

第3章 1979年春——2004年春 75

第1章

1929年冬

1962年夏

少年時代

わたしは四人姉兄の末っ子である。わたしが幼い頃、かなりのヤンチャ坊主であった。父は戦争中大阪北区で内科医として木造二階建ての家で自宅開業していたが、父が一階の診察室で診察している最中にわたし達兄弟が二階の部屋を走り回ったので、父に酷く叱られたことがある。戦時中、父は近隣地区の警防団団長に推薦され、診療が終わった後も警防団団長の仕事をしなければならず、体力的にも精神的にも無理をしていたに違いない。

ある日、父は往診先から帰るなり「今日は疲れた」と言って風呂も入らずに布団に入った途端、急に意識がなくなり大きな鼾をかきだした。母は驚いたが、すぐに父の友人である内科医に往診を頼んだ。その先生は、父を一目見るなり、

「高階君は助からないかもしれない」

「…………」

母は暫く無言だった。四十九歳の冬「右側脳出血」であった。母はその瞬間、大声で泣いた。わたし達子供の前では決して泣かなかった母が大粒の涙を見せた。子供心にも大変なことになったと感じた。

しかし父は三日目の朝うっすらと目を開いた。母はどんなに嬉しかったことだろう。その喜びはわたし達子供にも伝わった。暫くの間、伯母の家で過ごしたが、やがて父は母の助けで立てるようになった。そしてわたし達家族は一年半ぶりに再会を果たした。あの時の喜びは今も忘れることができない。父は左半身不随の身となったが、その後、母が父の右腕となって働き何とか自宅で診察ができるまで回復した。戦時中の食事はイモの葉っぱや、大根の葉っぱ、偶にジャガイモの入った雑炊が主食であった。どんな家庭でも白米を食べることはできず、米は配給制で家族の多い家では主婦は家族のために如何に食べ物を手に入れるかに明け暮れた。

やがてわたしが小学校五年生になった時、日本海軍は一九四一年一二月八日、ハワイのオワフ島に集結中の米・太平洋艦隊に奇襲攻撃を仕掛け、また陸軍はマレー半島コタバルに上陸した。日本陸軍が真珠湾攻撃より一日早く英守備隊と交戦、翌日には市内を占領した。こうして第二次世界大戦に日本は参戦した。ラジオで報道される大本営発表は日本の勝利を伝えていた。

しかし戦争が三年を超えた頃、わたし達中学生も勤労動員として陸軍の砲兵工廠で働かされた。戦況が悪化し敗戦濃厚となった。わたし達が働いていた砲兵工廠に米軍の艦載機が機銃掃射で襲い掛かり、砲弾を運んでいた友人の一人が目の前で銃撃され即死した。道路が真っ赤な血で染まった時、ショックは余りにも大きく、わたしたちは凍り付いたようにその場に立ちすくんだ。

その日の夕方、家に帰ったわたしは母に今日目にした出来事を話したが、母は悲しげな表情を浮かべて聴いていた。「お母様、僕も明日は艦載機に撃たれるかもしれないよ」と言ったところ「どうかそんなこと言わないで！」と泣き出さんばかりの表情でわたしの手を取り、拝むように懇願した。その翌朝、空襲警報がなったのですぐに、半身不随の父を助けて庭に作った防空壕に退避した。その直後である。急にバリバリと音を立てて艦載機が機関銃でわたし達の住んでいる住居を襲った。空襲警報が解除されたので防空壕の扉を開けて目にしたものは、診察室の窓枠を突き破り、銃弾が反対側の壁にめり込んでいた光景であった。しかし不思議に恐怖心が湧かなかった。東京、名古屋、大阪などの日本の主要都市をはじめ日本全土が連日空襲に晒されていたが、最後に一九四五年八月六日、広島に原子爆弾が投下され、続いて同年八月九日に長崎にも原子爆弾が投下されたことで日本は戦意を失った。

そして一九四五年八月一五日終戦を迎えた。ラジオを通して天皇陛下の玉音放送があり、初めて日本が戦争に敗れたことが国民に知らされた。空しかった。戦争中、毎日大本営が発表する日本陸海軍は輝かしい勝利への道を歩んでいるというニュースとは裏腹に、現実は全く反対であった。わたし達が今まで教え込まれた価値観は一八〇度変わってしまった。学校に出て最初にしたことは、小学校時代や中学校で習った歴史の教科書を墨汁で塗りつぶす作業だった。「今まで習った日本の歴史は過ちだったのだろうか？」というのが偽らざる感想である。同時にわたし達の考え方を転換しなければ世の中の動きについていけないという不安に変わっていった。

神戸医科大学へ入学

一九四八年三月から三年間、わたしは丹波篠山にあった兵庫医科大学予科での寮生活を終え、一九五一年三月、大学医学部に進学することができた。その頃に朝鮮戦争が始まったのである。兵庫医科大学は神戸医科大学と名称を変え、そして戦争終結後に神戸医科大学医学部になったが、神戸医科大学を国立の神戸大学医学部に昇格させた陰の功労者が金子敏輔先生であった。わたしの大学生活での授業の大半は医学英語の勉強に使われたと言って良い。

当時、先任講師であった金子先生は、戦争前にシカゴ医科大学外科に勤務し、戦争が始まる前に神戸に帰国した。金子先生は「吉田松陰」と共に千葉県下田港に停泊中のアメリカ軍艦に乗り込み、渡米を図ろうとしたが投獄され獄中死した「金子重助」の甥に当たる。金子先生は叔父の意思を果たそうと決意し、一九一〇年、高等学校から医学の道を選び、シカゴのロヨラ医科大学を卒業した。そして外科医となり、数年、アメリカで開業していたが、日米関係が不穏な状態になったため、日本に帰国し神戸在住の外国人のためにクリニックを開いた。

戦後、神戸医科大学学長の「正路倫之助」先生は、医学教育には英語が欠かせないと考え、日本で初めての医学英語講座を開設し、金子先生を専任講師として迎えた。先生は殆どネイティブのアメリカ人のような発音でわたし達学生に医学英語を教えた。そしてわたし達は自主的に英語会話クラブを立ち上げ、わたしが初代のキャプテンとなった。金子先生を通して垣間見たアメリカの医学レベルの高さと、国際的に高い評価を受けている「ニューイングランド・ジャーナル・オブ・メディシン」(New England Journal of Medicine) を学部一年生の時から読み始めたことが、わたしを大きく変えた。これからの時代はドイツ医学ではない。アメリカ医学が主流となる。「よし、将来は絶対にアメリカに行って勉強しよう」と密かに心に決めたのである。

父の死

一九五三年一一月一〇日、大学の卒業試験直前のことである。戦争中に起こした脳出血のために父は段々と体力が衰えていた。そしてわたしが講義を受けている時、大学事務局の職員が講堂に急ぎ足に入ってきた。講義をしていた公衆衛生学の松島教授に何やら話していたが、急いでわたしの名前を呼んだ。すぐに松島教授が、

「髙階君」

「はい、髙階ですが」

「髙階君、お父様のご容体が悪くなられたので、急いで帰ってください」

「はい」

そう返事をし既に覚悟はしていた心算だったが、ぐっと胸が詰まる思いが込み上げてきた。「お父様、僕が帰るまで、待っていてください」。大急ぎで神戸三宮駅から、阪神電車に乗って甲子園で降りた。甲子園線で高砂駅で降りて走った。そして自宅の玄関から父のいる部屋に急いだ。

襖を開けると、父は床に横たわったままわたしが帰るのを待っていたように、わたしの顔を見詰めて軽く二度頭を振った。そして父は静かに息を引き取った。満六十四歳であった。母は大声で泣き崩れた。気丈な母が病身の父を抱えて、わたし達子供のためにどれほど頑張ったことだろう。

同日、父の遺言で行われた病理解剖には、わたしと兄の経昭が立ち会った。父の解剖を視るのは本当に辛かった。まるで自分の身を切られているようで、それが「病理解剖を受けることになった患者の家族の気持ちは、どんなものかを知らなければいけない」という父からわたし達への最後の教えであったと今でも思っている。

一九五四年三月三日、わたしは神戸医科大学を卒業し、すぐにインターン生活が始まった。

戦争外科に明け暮れたインターン生活

一九五四年五月当時、大阪府堺市には第三八二米国陸軍病院があった。第二次世界大戦中、日本の陸軍連隊があったが、戦後、米軍に接収され広大な連隊の敷地が第二次後送病院として最適な環境となった。木造の建物であったが、米軍病院になってから内装も一新され、近代的な設備の整った病院に生まれ変わった。真っ白な壁が広い庭の芝生と木立の緑に映えて美しい。そして病院のゲートには、何時ものようにMP(Military Police)が厳めしく警備に当たっている。

「ブルッ・ブルッ・ブルッ・ブルッ」と一機のヘリコプターが、我々インターンのいる将校宿舎（オフィサーズ・クオーター）の上を越え、病院の中庭にあるヘリコプター発着場に向けて飛んでいった。インターン生活を始めてから、既に一か月が経っていた。

「また運ばれてきたか」インターンの一人、宮崎正夫君が言った。暫くすると宿舎の廊下にあるスピーカーから呼び出しベルが鳴る。わたしは外科のローテーションが始まったばかりである。

「ドクター・タカシナ、リポート　トゥ　サージャリイ。リピート……」(Dr. Takashina, report to surgery. Repeat ……)

（ドクター・高階、外科に連絡ください。繰り返します。ドクター・高階、外科に連絡ください）

「オーケー、分かったよ」とわたしは、スピーカーに向かって大声で答えながら、白

一九五四年、インターン研修開始

衣を羽織って大急ぎに宿舎から飛び出して、宿舎から一五〇メートルほどの距離にある病院の裏口まで一気に走り抜ける。入り口で警備兵の敬礼を受けて中に入る。二階の外科へ階段を二段とびで駆け上がる。大急ぎでブルーのスクラブ・スーツに着替え手洗いを済ませ、ナースが持っている手術用ガウンの袖に手を通し、両腕を肘で曲げ両手を挙げたまま、自動ドアを通って手術室に入る。呼び出しを聞いてから五分である。

やがてヘリコプターで運ばれてきた患者が、ストレッチャーで手術台に運ばれてきた。二人の男性の看護兵が患者を手術台に移動させた。直ちに麻酔医のドクター・シャーリーが麻酔を始めた。やがて軍医大尉で整形外科医のドクター・ダンカンが手術室に姿を現した。眼鏡の奥のギョロリとした目玉が光る精悍な男だ。

「グッド　モーニング、キャプテン　ダンカン」

「オーケー　レディ」（用意できました）と手術室主任。「サンクス」とドクター・ダンカンが答える。手術が始まった。素早く患者の患部が消毒された後、ブルーのシーツが掛けられた。ドクター・ダンカンのメスが、患部を素早く切り開くと血が滲み出す。
「ヘモスタット」（止血鉗子）
「イエス　サー」手術場のナースが止血鉗子を手渡す。ドクター・ダンカンのメスが金属の破片が食い込んでいる場所に近づいていく。手術室の壁に埋め込まれたレントゲン・ビューワーに掛けられた写真を見ながら、鮮やかな手さばきで、患者の大腿部に食い込んでいるほぼ三角形の金属片に近づいていく。幸い出血も少ない。
「もうすぐだ」と整形外科医のドクター・ダンカンが鉗子で金属片を取り出し、キドニィ・ベーシン（腎臓型の膿盆）に入れた。「カタッ」と小さな金属音を立てて、砲弾の破片が取り出された。
「オーケー、ウイ　ガット　イット」（取り出したぞ）
その後、血管を縫合し創面を洗浄して皮膚を縫合し手術が終了した。
わたしは彼等の外科手術に立ち会い、「この先、彼らは傷痍軍人として、社会に復帰していけるのだろうか？」と彼らの前途に不安を抱き、当時の日本の病院でインターン生活を送った大学時代の仲間には、到底想像できなかった様々な戦争外科を体験したのである。しかし、病院に勤務した当初、学生時代には外科手術などには立ち会ったこともなかった。

「君は縫合の練習が必要だ！」。悔しい。「日本の大学では医学生が手術室に入ることは許されてもいなかったし、知らないのは当たり前じゃないか」と、言ったところで始まらない。しかし「馬鹿にされてたまるか」と反骨精神を全身に漲らせる。

毎晩、手術室では不要になった針と鉗子を、手術室のナースのナンシー中尉からももらい、毛布を使って必死に縫合の練習をした。その甲斐あってわたしの縫合技術は短期間で一気に上達した。それに伴い手術も段々面白くなり、骨折手術後の皮膚縫合を毎日、何回となく経験していった。手術が殆ど終わりに近づくとドクター・ダンカンが、

「ドクター・タカシナ、ドウゾ」

「イエス　サー」

手際よく縫合を始める。その甲斐あってドクター・ダンカンから「ドクター・タカシナ、君は将来、良い整形外科医になれるぞ」と言われ、自分も整形外科医に向いているなと考え始めていた。

この病院で出会った若いドクター達は、何れも殆どレジデントを終わったばかりか、またレジデントの修練期間中、徴兵軍医になった人達が多かった。また彼らは絶えず積極的であり非常に勉強熱心であった。ラウリー軍医少佐（Major Dr. Lowley）から、わたしと一緒に大学の同級生だった富永周作君と共に心電図の講義を聞いたが、アメリカ人独特のジョークを交えながらの話に大学時代には聞いたことのなかった新鮮さを覚えた。心電図に興味を持ったのはこの時である。何よりも軍医の多くが若く、それに医学的知識の豊富さに加えて、勉強熱心であった。

ドクター・ジェームスとの出会い

一九五四年冬、インターン生活も終わりに近づいた頃、内科病棟に軍医大尉として赴任してきたのが、心臓病専門医であるドクター・ジェームス（Dr.Thomas N.James）である。彼はわたしより七歳年上であった。アメリカ人にしては小柄で、皮膚はやや浅黒く丸顔の温厚な顔立ちに、眼鏡を掛けた青年である。ところが彼の患者へのきめ細かな対応ぶりを見てわたしは目を瞠った。彼の英語は南部特有のアクセントがあり、初めは何だか聞き辛かった。

ドクター・ジェームス

わたしが彼と一緒に内科病棟で勤務した時のことであるが、ドクター・ジェームスの患者とのインタービューも素晴らしく、診察を始めると全身をまず克明に観察し、頭部から頸部、胸部の視診（頸静脈波の観察や、甲状腺腫の有無、そして異常所見の有無）に始まる系統的な診察法は完璧であり、アメリカ人のドクターにしては珍しく素早く活字体で書き上げていくチャーティングの素早さにわたしは驚き、また胸部の触診や聴診をする際の診察手技の見事さに、そのどれ一つを取り上げてみても真似のできない技術を彼は身につけていたのである。「わたしは大学で一体何を勉強してきたのだろう？」と恥ずかしくなった。患者の診察法についてわたしが何も知らなかったことを思い知らされたのが、このジェームス先生との出会いであった（＊ドクター・ジェームスは、陸軍へ召集される前は、ニューオーリンズにあるオックスナー記念病院に勤務していたが、除隊後、ヘンリー・フォード病院心臓内科部長、テキサス大学医学部ガルベストン分校学部長、アメリカ心臓協会の会長を歴任した後、各学会から数々の賞を受けたが、アメリカ心臓病学会から最高の栄誉である James B. Herrick Award を受賞した。しかし、二〇〇九年、彼は家族に見守られ、静かに輝かしい人生の幕を下ろした）。

インターン生活の後半に出会った軍医大尉のドクター・ジェームス（心房内伝導路のジェームス束の発見者であった）をはじめ、優れた軍医たちに出会ったことによって「必ず近い将来アメリカに留学しよう」という気持ちに駆り立てられた。ドクター・ジェームスがわたしの師匠となった。

ある日、ドクター・ジェームスが、「一人、君に紹介したい患者さんがいるんだよ」と声を掛けた。誰だろうと思っていると、将校患者が入院する個室にわたしを連れて行った。ドアをノックすると、その患者は大阪市東淀川区に開設されたキリスト教診療所へ教会本部から派遣されたばかりの病院牧師モーア氏であった。感染症で入院していたが、数日で熱も取れ元気を取り戻した頃である。笑顔を浮かべ大きな声でわたしに、

「こんにちは、ドクター・タカシナ。わたしはモーアです」

この会話が縁となり、わたしは一九五八年夏まで淀川キリスト教診療所においてパートタイムで勤務することになった。わたしがキリスト教診療所最初の日本人医師と

なった次第だ。

一九五八年夏、わたしは結婚したばかりの妻と共に太平洋を貨客船「ネバダ丸」で、濃霧に囲まれた九日間の航海の後、早朝五時、金色に輝く「金門橋」の下を通りサンフランシスコに到着した。そして「グレイハウンド・バス」で二日後、目的地のニューオーリンズ市に着いた。ドクター・ジェームスの紹介により、勤務を始めたのがチュレーン大学医学部であり、四年間に亘る留学生活が始まった。

バーチ教授との出会い

一九五八年から四年間チュレーン大学医学部へ留学し、恩師のジョージ・バーチ教授（Prof. George E. Burch）から臨床心臓病学を学ぶことができた。彼は卓越した臨床家であり、研究者でもあると同時に教育熱心な姿に日本の大学では見ることのできなかった真のドクターの姿を発見して、バーチ教授がわたしの第二の師匠となったことは言うまでもない。

毎週土曜日の午前中は内科の総回診があった。前日に掲示板に発表された病棟に午前八時に現れた。これは日本の大学における総回診とは全く異なり、その週で最も教育的に興味のある症例を一症例選び、三時間に亘るベッドサイド教育が始まるのである。バーチ教授の独特の雰囲気によって学生達の間では"He is next to God."（彼は神様の次の人だ）と呼ばれていた。バーチ教授はソフトな微笑みを浮かべながら患者の話に耳を傾けていた。そして病歴を聞き終わると、今度は頭の先から足の先までという表現が当てはまる綿密な診察、そのバーチ教授の実に細やかな診察の進め方をレジデントやインターン、そして学生達が食い入るように見詰めている。その中で、彼は鮮やかに自らの臨床診断へと患者の病歴と身体所見から鑑別診断を行い、それぞれの疾患の違いを説明しながら、彼の「作品」（masterpiece）を完成させていく。その見事さにレジデント達は「ビューティフル」を連発する。

そしてバーチ教授は彼の臨床診断に基づいて、次にどんな臨床検査が必要なのかを我々に向かって問い掛けてくる。もしその答えが間違っていたとすれば、

「何故、君はその検査が必要だと思うのかね。その理由は？」

バーチ教授

と質問される。レジデントが答えられないと、

「自分が行う検査には理由があるはずだ。そしてどうすれば患者に負担をかけず、最も迅速に診断することができるかを心がけることだ」

とアドバイスを与える。バーチ教授の臨床医としての力量は素晴らしいものであった。今日のように診断用医療機器を優先した診断のプロセスは、患者との対話を段々疎遠なものにしていく。

医療と医学は、本来同一のものであったとわたしは考えている。それが今日では医療機器という無機的で冷たい診断機器（ハイテク機器）が、本来あるべき人間的で暖かい患者との対応を二次的、あるいは三次的なものに追いやっている気がする。今、我々は医療とは何かをもう一度問いただす時期に来ているのではないかと思う。

バーチ教授が残してくれた言葉をもう一度思い出してみたい。

「人がやらない一番困難な仕事をやることが、人間として一番大切なことだ」

「医学の歴史は、過ちの歴史だ」

「医学の原点は臨床にある。どんな研究も臨床から生まれる」

「医者も患者も同じ社会人だ。社会的常識に外れた診断や治療は行ってはならない」

「医師は社会的に最も尊敬される職業だ。そのためには幅広く医学以外の勉強もしなければ立派な医師になれない」

「わたしは一般内科医だ。ただわたしを心臓病の専門家と呼ぶとすれば、それはわたしの興味が心臓病にあるからだ」

「わたしの考えは間違っているかもしれない。しかし、わたしの記憶しているところでは、こうなると思うのだが」

「患者の社会的背景を知ることは、治療の上で一番大切なことだ」

「人間は尊厳を持って生まれ、尊厳をもって死すべきものだ」

その他、数々の語録を残したが、これ等の言葉は何度も耳にした。そしてチュレーン大学での四年間に、ベッドサイドにおける心臓病患者の診察の醍醐味と、臨床心臓病学の重要性を学ぶことができた。バーチ教授の回診を思い出すたびにわたしは人との出会いが如何にその人間の半生に大きな影響を与えていくのかを身をもって経験した。こうしてバーチ教授がわたしの第二の師匠となった。ドクター・ジェームスとドクター・バーチの二人の世界的な心臓病学のドクターに出会えたことが、わたしにとって最大の知的財産となった。わたしの臨床心臓病医への第一歩が始まった。留学中に経験した出来事や数々の人々との出会いを通して、何事にも自信をもって積極的に活動するという姿勢を身につけることができた。半世紀を過ぎた今も新鮮な記憶として心に残っている。

留学中に出会ったアメリカ人のドクター達の素晴らしい人柄や、彼らの仲間として付き合ってくれた人達に囲まれたことは忘れることができない。

歴史の街ニューオーリンズ

ニューオーリンズは、ミシシッピー川に囲まれて出来たデルタ地帯であり、一年中亜熱帯気候に覆われたアメリカの建国歴史の一頁を飾る南部の街である。別名は「三日月型の都市」(Crescent City)と呼ばれ、ミシシッピー川のすぐ傍に「フレンチ・クオーター」(French quarter＝フランス地区)がある。

フレンチ・クオーターに住む貧しい「プア・ホワイト」(poor whites)の人間模様を描いたテネシー・ウイリアムス原作の『欲望と言う名の電車』は、映画化され、名優マーロン・ブランドとヴィヴィアン・リーが、頽廃と売春に明け暮れる社会の底辺で毎日を暮らす男女の姿を描いている(＊この映画の題名「欲望」を行先表示板につけた巡回バスがニューオーリンズ市内を走っている)。

かつて二〇世紀の大作といわれたハリウッド映画の『風と共に去りぬ』では、クラーク・ゲーブルとヴィヴィアン・リーが、南北戦争時代に生きた男女の物語を描いた。その映画に登場する大邸宅は、今も芝生の中を走るチンチン電車で有名なジャクソン・ストリートに面して建っている。

しかし、ニューオーリンズと言えば、何と言ってもまず頭に浮かぶのは、デキシーランド・ジャズに代表されるアメリカ南部の音楽である。古くは黒人のトランペットの奏者ルイ・アームストロングや、白人のアル・ハート、クラリネット奏者のピート・フォンテン達がフレンチ・クオーターで演奏した後、世界的なジャズマンとして育っていったジャズ発祥の地でもある。現在のアメリカの都市には、殆どなくなってしまったアメリカの歴史の姿をとどめる街として、アメリカをはじめ、ヨーロッパの人々、特にフランス人には人気がある。

フレンチ・クオーター東側にあるジャクソン・スクエア、

ジャクソン・スクエア

その美しい公園の中央に南軍のジャクソン将軍が、馬上ゆたかに帽子をかざしている銅像がある。その北側には、アメリカで一番古いといわれているセント・カシーデラル教会があり、ステンドグラスの美しさが旅行客の心を和ませる。そして南側の角に通りをへだてて、フランス風のパティオがある。その名は「カフェ・ドゥ・モン」（CAFÉ DU MONDE＝最高のカフェ）。テラスに並べられたテーブルと椅子、そして「四角い形のドーナツ」と「カフェ・オーレ」、それが全てだ。「カフェ・ドゥ・モン」の角に立ち、東に延びる道路には馬をつないだ鉄の柵が一定の間隔で並んでいた。それはかつて奴隷が繋がれていた柵（映画『ルーツ』にも登場する）であったが、今ではその前に車が並び、よほど注意しなければ、「それが一体何だったのか？」ということさえ分からなくなっている。時は歴史を風化させていく。そして新しい時代とともに忘れ去られていくのだろう（最近、ニューオーリンズを旅した人が鉄柵は撤去されて今はないと教えてくれた）。

心膜水腫貯留メカニズムの解明

ニューオーリンズ慈善病院では学生の教育や、病棟や外来の勤務を行ったが、当時、外来患者に急性心膜炎を起こして入院してくる患者の割合が多いことに気付いた。なぜ心膜炎の際、心膜水腫が急速に貯留するのかを解明したいと思った。今まで心膜の水分や、各電解質の透過性について研究された論文がないことを知り実験の目的をバーチ教授に話したところ、すぐに快諾を得た。しかし、実験的に生体膜面を使って行った先例がない。わたしは心膜炎の発生要因が、外傷性、感染性、がんによる転移、リウマチ熱の後遺症などによって起こることを知り、実験装置を作り上げ、犬の剝離心膜を使って刺激を加えた際に、心膜はその刺激に反応し急性心膜炎を起こすことを知った。この実験装置を使って実験してみると、一分間、一平方ミリ当たり、三〇〇ミリリットルの水分が貯まることを、D_2O、H_3、Na^{22}、Cl^{36}およびMg^{28}の放射性同位元素を使って証明した。そしてこれが**第一の「チャレンジ」となった**（文献1）。

長男誕生

一九六一年一月二九日。長男の經幸が誕生した。わたし達が仕事で出掛けている間は黒人のメイド「ローラ」が經幸のベビーシッターとして面倒を見てくれた。彼女の英語は正に『風と共に去りぬ』の映画に出てくるメイドそっくりだ。毎日、病院からアパートに帰ると、長男にミルクを飲ませたり、バスに入れたりすることがわたしの日課となった。バスの湯が熱すぎて「ギャー」と大声で泣き喚いたこともあったし、折角、ミルクを飲ませたのに肩に抱いて背中を擦っている最中に、「ゲブー」という音とともに殆どわたしの背中に吐き出してしまったこともあった。今から考えると冷汗ものの毎日だった。それでも經幸は丸々と元気に成長していった。面白い経験は彼が幼児ことばを話し出したが、どうも「ローラ」に育てられたせいか、黒人訛りの幼児語を話し出したため、われわれは大いに戸惑ったことが何度もあった。

長男が生まれたことによって、わたし達はアメリカ人の社会にすっかり融け込んで、生活するようになった。幸子も育児や、日常生活を通して何時の間にか多くの友人が増えた。また二年目の夏の休暇にはバージニア州リッチモンド市に住んでいるインターン時代に皮膚科部長だった「ドクター・トライス」の自宅に三日間泊めてもらい、アメリカ各地を旅して彼らの生活に触れているうちに、友人も次第に増え、ニューオーリンズはわたし達の第二の故郷となった。わたし達は一九六二年までの四年間、今まで日本では経験したことがなかった、エネルギーに溢れ、積極的に行動するアメリカ人社会の中に融け込み新しい生活を始めた。留学三年目に長男が生まれたことでアメリカ人社会により深く融け込むことができたように思う。

第2章

1962年秋

1969年秋

1971年秋

二度目の太平洋

一九六二年七月二五日、わたし達は四年間に亘る留学を終え、アムトラック鉄道に乗って二日目の午後に西部海岸のロサンゼルスへ到着した。そこでレンタカーを借りてアナハイムまでドライブし、三年前に開園したばかりの「ディズニーランド」近くのモーテルに泊まり、船が来るまでアメリカ最後の休日を過ごした。

こうして妻の幸子とニューオーリンズ生まれの一歳半の長男・經幸を連れて、ロサンゼルスから川崎汽船の「新日本丸」に乗船し横浜を目指して帰国の途についた。

船がアナハイムを出港し、太平洋を北上するに従って気温が下がり、船室には暖房が入った。エアダクトから暖かい風が室内に送られてくる。ところが、この暖風が經幸には仇となり肺炎を起こした。突然、咳と高熱に見舞われ全身けいれんを惹き起こした。抗生物質も効かない。わたし達の必死の看病にもかかわらず、その症状が一週間近く続いたため「もう經幸は、助からないのではないか？　折角ここまで育てて、もうすぐ日本に着くというのに……」と半ば諦めにも近い気持ちに追い込まれていた。しかし、無謀ともいえる大量の抗生物質の注射が功を奏して、横浜港に入る二日前に熱が下がった。「經幸が助かる！」。当時の、わたし達の喜びの気持ちは言葉で表せない。「經幸、よく頑張ったね」。わたし達は一つの試練を乗り越えた。本当に嬉しかった。こうして親子三人は、無事帰国することができたのである（その長男は放射線専門医として二〇二一年まで活躍していたが、既に還暦を迎え現役を引退した）。

心疾患と掌紋

わたしが出会った友人の一人に随分変わったドクターがいた。白衣を着ているのはニューオーリンズ慈善病院の外来診療の時だけである。一日の殆どの時間は作業服に前掛けをかけていたので初めて出会った時、てっきり工作室にいるテクニシアンだと思っていた。わたしの部屋にツカツカと入って来るなり、

「アー　ユー　ドクター・タカシナ？」

「イエス」

「アイム、アル、ドクター・アル・ヘイル」

祖父がモヒカン族の北米先住民とあって彼の風貌も色黒くとても平均的アメリカ人には見えなかった。それに加えて彼独特の荒っぽい卑俗語で話すので、最初はかなり戸惑った。しかし、性格はサッパリしていてすぐに友達となった。彼は解剖学者でも

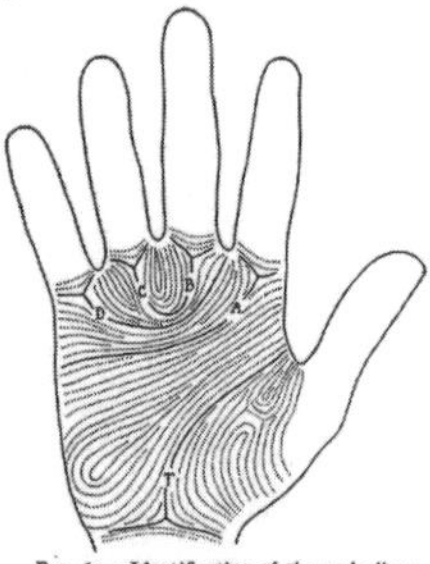

Fig. 63.—Identification of the main lines (*A, B, C, D, T*), in a palm having the formula: 11.10.8.5′.13-t-L′.L/L.O.L.V.

正常掌紋は手首のところに軸三角がある

あり学生たちには抜群の人気があった。一九六二年春のことである。当時、心疾患と掌紋の比較研究を行い、白人と黒人との間には掌紋に違いがあることを発見したことで有名になり、新聞記者らのインタービューを受けていたのだ。その彼が廊下で出会うと、

「ケイ、頼みがあるのだが」

「アル、わたしにできることでも?」

「もうすぐ、夏には日本に帰るのだろう?」

「あゝ、そうだが」

「日本に帰ったら、心疾患と掌紋の仕事を追試してくれないか?」

「いいよ、わたしにできることであれば」

「手掌の根元のところに三角になったところがあるだろう。それを軸三角というンだが、それが先天性心疾患と後天性心疾患の間で差があるかどうかを調べて欲しいンだ」

「わたしにできるかな？」

「できるとも、日本人はアメリカ人に比べると先祖がハッキリしているだろう。アメリカ人は先祖がどうなっているのか分からない奴が一杯いるからな。比較が難しいんだ」（＊図一のイラストの手首に示されている掌紋が集まって三角（T）になっている部分を「軸三角」と呼ぶが、この三角になったT部分が小指側に偏位する率が先天性心疾患では後天性心疾患に比べて偏位率が約三倍であることが分かった）

という会話が元となり、胎生期三か月までに形成される心臓に障害が起こった時に先天性心疾患が発生することを確かめるため、母親から詳しく病歴調査を行った。その結果、わたしは日本人における後天性心疾患と先天性心疾患患者の間に、一八％対六四％の差があることを発見し、一九六四年アメリカ医師会雑誌に発表した。聴診上心臓の各部位に心雑音が聴かれた場合その雑音が先天性か、また後天性によるものかを掌紋を視ることで鑑別できる意義は大きい。**これが第二の「チャレンジ」となった（文献2）**。

四年間のアメリカ生活は苦しくもあったが、わたし達夫婦は何事にも興味を持ち、積極的に行動したことでアメリカ人社会に受け入れられ、楽しく充実した生活を送ることができた。

二三九一例の症例を読影し解析

わたしは淀川キリスト教病院に戻って、当病院が発足して四年間、医師たちは多忙で、また循環器専門医もいなかったため、誰も心電図を解析し統計を取っていなかったことに気が付いた。「これでは日本人の心疾患や、心電図変化がどうなっているのかが分からない」と考え、それを明らかにすることで臨床的な心疾患の推移が客観的に評価できると考え、二三九一例の心電図を一人で読み解析し、その結果を日本循環器学会誌に報告した。**これが第三の「チャレンジ」となった**(文献3)。

日本初の臨床研修プログラムを立ち上げた

一九六二年夏に帰国したが、わたしは旧態依然とした大学教育システムには馴染めなかった。チュレーン大学で臨床心臓病学を学んだことを駆使できる病院は少なかったが、渡米前にオリエンテーションを兼ねて研修で働いたことのある淀川キリスト教病院のブッシュ院長に「先日、日本に帰りました」と挨拶の電話をしたところ、折り返しドクター・ブッシュから「ぜひ勤務して欲しい」との要請があり、ドクター・ブッシュと相談の結果、九月から内科に勤務するが、わたしの循環器内科を立ち上げることを条件とした。しかし、わたしが目にしたのは、大学から派遣されてきた若い医師達の積極性に欠けた生ぬるい姿であった。数か月後に帰国したハーバード大学に九年間勤務した白木正孝氏もすぐに若い医師たちの姿勢に対してわたしと同じ印象を持った。

わたしと白木氏はこの病院に今までの日本にはない特色を出すための相談をし、回診を英語で行うという考えをまとめ院長室に出向いた。

「わたし達はこの病院を更に良くするため、来週から病棟回診を全て英語で行う許可を頂きたいのですが？」

反応は速かった。

「それは素晴らしい考えだよ！　ドクター高階・ドクター白木、やって頂けるかい」

とブッシュ院長は満面に笑みを浮かべて即座に許可してくれた。当時、全国では珍しい卒後研修教育プログラムの先駆けとなる臨床教育の場を若いドクター達に提供するというユニークな発想の内容を医局前の掲示板に英語と日本語で書いて貼り付けた。

若い勤務医達はそれを見て一様に「えっ！」という驚きの声をあげ、そして喜んだ。これが淀川キリスト教病院の名が全国に知られる契機となり、反響を呼んだ。

毎週水曜日朝七時三〇分から行われる「モーニング・ラウンド」には大阪にある各大学から数名の若い医師たちが教授の許可を得た上で、わたし達のラウンドに参加したのである。わたし達は当病院に勤務しているドクターであろうが、大学病院から参加したドクターであろうが同様に接した。しかし、わたし達が経験したアメリカ流の臨床修練の厳しさに困惑したある大学から派遣されたばかりのドクターは「そんなに厳しく、我々に接しなくて良いでしょう?」と苦情を申し立てた。しかしわたしは「これが四年間アメリカで訓練されたベッドサイド教育なのだ。それが嫌なら院長とあなたの大学の教授に報告してくれ」……返事はなかった。積極性のない人は留学しても意味がない。

そしてわたし達が指導した若いドクターの中から、毎年「外国医学校卒業者への教育委員会」ＥＣＦＭＧ（Educational Commission for Foreign Medical Graduates）の試験に合格しアメリカに留学するドクターが誕生した。わたし達が日本で初めてとなる臨床研修プログラムが実践に強い「ヤング・ドクター」を育てることに成功したのである。この新しい研修活動は病院にとっても画期的な出来事になった。これが第四の「チャレンジ」である（文献5）。

日豪医学交換プログラム

一九七〇年の大阪万博開催中に一つの出来事があった。淀川キリスト教病院に軽度の心筋梗塞を起こして緊急入院したオーストラリア人のマーチン・ウイルバーさんがいた。短期間の入院だったが、彼は同病院の充実した医療体制とドクターを始め、ナースたちの献身的な看護に感銘を受け、心筋梗塞が軽快し退院するその日に院長のドクター・ブラウンに「日豪医学交換プログラム」を立ち上げて欲しいと申し出で、高額の寄付をした。それが資金となってわたしは奔走し、そのプログラムを立ち上げることが出来た。日本側から淀川キリスト教病院内科に勤務していた「中島督夫」先生、そしてオーストラリア側からシドニー病院内科のドクター・ギレスピーが互いに一九七五年三月～九月の半年間、相互の病院で研修を行うことになった。両ドクターが共に温厚で、勉強熱心な人柄が双方の病院で受け入れられ、交換プログラムは成功裡に終わった。しかし、残念なことにこのプログラムはその後、病院への寄付もなく財政的サポートが得られなかったため、継続することは出来なかった。

次男誕生

一九六三年五月一五日、幸子は次男・經啓を淀川キリスト教病院で無事出産した。わが家の家族のメンバーにもう一人の男の子が加わった（彼は東京大学医学部を卒業した後、医師になるのを止めコピーライターとなり、その後も劇作家としての活動や、防災士の資格を取得し、〝職業・話し相手〟（様々な日常活動の水先案内）なる取り組みを始めるなど、独自の道を歩んでいる）。

恩師・金子敏輔先生の死

一九六九年、夏、神戸。

わたしの人生にとって一つの転機が訪れた。「淀川キリスト教病院（淀キリ）」での外来診療の忙しさは格別であった。患者数も次第に増えていったが、ある日、前出の金子先生から、久し振りに電話が掛かった。

「高階先生、ちょっとお邪魔していいかな？　実は僕のレントゲン写真を貴方に診てもらいたいのだ。ここ二か月程、咳が止まらなくってね。神戸大学内科で診てもらったのだが、貴方の意見も聞きたくってね。咳の原因が右下葉の気管支肺炎を起こしているためだろうということだが、わたしの診たところでは肺炎ではなさそうな気がするのだ。悪性腫瘍の可能性もあるしね」

「そうですか、早い方が良いですね。先生、きょうの午後にお出でくださいますか？」

その日の午後、金子先生は病院へレントゲン写真と血液検査の結果を持って現れた。内科の第一診察室で壁に埋め込まれたビューワーに掛けた自分のレントゲン写真を見ながら、金子先生はわたしの言葉を待っている。

「先生、右の横隔膜の陰影は、どう見ても単なる肺炎ではなさそうです。しかし、必ずしも先生がお考えになっていらっしゃるような悪性腫瘍とも言い切れませんが」

「しかし、陰影の形が円形でもないだろう？」

「そうですね、やはり断層写真を撮った方が良いと思います」

「是非、そうしてくれますか」

「すぐに放射線科の方に連絡しましょう」

と言って卓上電話を取った。

断層撮影が行われた結果、わたしが危惧していた通り金子先生の右横隔膜上に見えた陰影は腫瘍であった。悪性腫瘍の可能性があるかもしれない。この時、金子先生はすでに自分の病気のことを悪性腫瘍だと予測していたに違いない。

「いや、いろいろ先生にはお世話になったよ。どうやら断層撮影のお陰ですっきりしたよ」

と、淡々とした晴れやかな表情で話す金子先生の顔を見た時、わたしは、金子先生が人生活動を締めくくる重大な局面に差し掛かっていることを知った。彼は笑いながら、

「人生って、何が起こるか分からないね。これからまだまだやらなければならないことが山ほどあるのにね」

と、自分にも言い聞かせるように笑いながら話し、しっかりした足取りで病院の玄関を出て行った。

かつてシカゴにあるロヨラ医科大学を卒業し、アメリカで外科医として活躍した後、神戸に帰り、第二次世界大戦中は欧米の捕虜の健康管理を行い、彼らに絶大な信頼を得たドクターである。戦後も駐留軍の顧問として働き、以後、全国の大学医学部で初

めて医学英語講座を神戸大学医学部に開設し、初代の助教授となって医学教育のため活躍を続けてきた。その国際的な偉大な人物が、人生の終末を迎えようとしているのだ。何処となく寂しげに見える金子先生の後ろ姿を、いつまでも見送っていた。

「先生、何時までも、お元気でいてください」と祈る気持ちだった。

しかし、それから一か月後に金子先生の容体は急変し、右胸部の疼痛と共に呼吸困難が激しくなった。金子先生は友人の勧めに従って神戸大学医学部附属病院に入院した。彼の主治医になったのは、後輩の一人である小林克也先生だった。喀痰の組織培養検査で腫瘍細胞が検出されたが、小林先生は金子先生にその結果を告げなかった。わたし達は学生時代、共に金子先生によって医学英語を教えられアメリカに留学し心臓病専門医となったが、小林先生もまた内科全般に亘る専門医としての修練を積んでいた。しかし、わたし達が一番危惧していた通り、恩師・金子先生の右横隔膜上に出来た腫瘍の病理診断は「悪性多発性骨髄腫」であった。

金子先生は、やがて自らの死期が近いことを悟ったのであろうか。ある日、小林先生に向かって

「小林先生、済まないけれど淀川キリスト教病院の高階先生に、時間があったら、僕

のところに寄ってくれるように連絡してくれませんか？」

　小林先生は早速わたしに電話を掛けた。そして翌日の午後、金子先生の病室を訪ねると、

「やあ、元気そうだね。忙しいのにお呼びたてして済まない」

「いいえ、どういたしまして。その後、お体の具合は如何ですか？」

「いやあ、余り変わらないね。ちょっと食欲が落ちたくらいだよ」

と口では言っているが、誰の目にも分かるほど頬が落ち込み、体重も減り、昔は白人と間違われるほど肌の白かった金子先生の皮膚が、茶褐色に変わっていることに気付いた。金子先生は右胸の疼痛を鎮痛剤で抑え必死に耐えながら、あえて元気そうに、

「髙階君、実は相談があるのだが」

　その時、初めてわたしを「君」と呼んだ。

「何でしょうか？」

「僕も、余り長く大学の講義を休むわけにはいかないと思うから、君にわたしの講義を替わってもらいたくて連絡したのだよ」

「でも、先生のような立派な講義ができるかどうか、ちょっと不安です」

「いいや、君なら大丈夫だよ。淀川キリスト教病院での講義の素晴らしさや、アジア太平洋心臓病学会での名通訳振り、それに若いドクター達への指導の上手さは、素晴らしいと聞いているよ」

「しかし、先生のように医学英語を教えるとなると、英語の勉強をもう一度しなければなりません」

「いやあー、心配要らないよ。君がチュレーン大学医学部で、心臓病について勉強してきたことを、学生達に伝えるだけで十分だ」

「それでは、アメリカで医学生達を指導してきたようにやってみます」

その時、金子先生の顔から微笑みが消え、両眼からどっと涙が溢れ出した。わたしは金子先生の顔を見たが何と言えばいいのか言葉が見つからず、一瞬つまったようになり、声も出ず黙って両手を差し出すと、金子先生は両手をしっかりと握り締めながら

「有り難う、高階君、これで僕も安心したよ」

と言った後、じっとわたしの顔を見詰めた。その表情は、今までに一度も見たことのない金子先生の真剣な眼差しであった。

「金子先生、また参りますから、ご連絡ください」

と言い残して金子先生の病室を出たが、わたしは廊下で急に立ち止まった。後ろ髪をひかれるような思いと、心の底からの悲しみが込み上げてきて、急に堪えきれなくなったのだ。

金子先生は、わたしが卒業直前に父親を亡くした時も、父の代わりになって励ましてくれた。そしてわたし達のために努力し、当時、米国陸軍病院を日本のインターン実習病院として認可させるため、厚生省に赴いてくれたことなどが、つい昨日のことのように思えた。また彼が久し振りにアメリカに旅行し、ニューオーリンズへ立ち寄った際、シカゴ大学医学部の旧友達との再会を報じた新聞を、わたし達夫婦のアパートで見せてくれた時の元気だった姿や、久し振りにチュレーン大学のアパートで一緒に食べたすき焼きのことなども思い出された。わたしは涙に曇った目で暫く茫然と廊下に立ちすくんでいたのだ。

「どうかなさったのですか、先生?」

通りすがりのナースが心配そうにわたしを見詰めて声を掛けた。

「いやあ、何でもないよ」

と言いながらハンカチで涙を拭き、気を取り直して病院の廊下を歩いていった。それから二週間目に金子先生は亡くなった。金子先生の生前の遺言によって行われた病理解剖には、「淀キリ」のフランク・ブラウン副院長も立ち会った。もう決して口を開くことのない偉大な人物「金子敏輔」がそこに横たわっている。

病理解剖の執刀医が金子先生を苦しめた右肺下部の「悪性多発性骨髄腫」を取り出した時、わたしは心の中で「金子先生、長い間、苦しかったことでしょう。どうかゆっくりお眠りください」と呟いた。金子先生がその苦しみから解放され、天国に旅立ったことを改めて知ったのである。享年七十二歳であった。

「金子先生、さようなら。長い間、本当に有り難うございました」

ホワイト先生との出会い

一九七〇年、大阪万博が開催された年、思わぬ経験をした。それは『WPW症候群』で世界的に有名なドクター・ポール・ホワイトとお目に掛かる機会を得たことである。医師や医療関係者の方々は、ここに提示する心電図を一見すると学生時代に一度は目にした風変わりな心電図所見であることをすぐに思い出されることだろう。

心電図の標準誘導（一誘導と三誘導）で示されるように、P波の直後からデルタ型に立ち上がるRS波は幅が広く0・12秒を超えている。一九二〇年代後半に、三人の医師：Wolff-Parkinson-White が、偶々彼らの患者の中に変わった心電図波形を示す人がいることを発見し、一九三〇年に共著で論文をまとめ「WPW症候群」として発表した（＊主に一〇代〜二〇代に見られる先天性心疾患の一型で、発作性頻脈や、動悸、胸痛、眩暈、吐き気、時には呼吸困難を起こして意識が薄れることもある。普通は胎児時期に心臓には「ケント束」と呼ばれる刺激伝導路があるが、殆どの胎児は生後すぐこの房室短絡路がなくなってしまう。しかし一〇〇〇人中、数人の確率でその刺激伝導系が残ってしまう人がある。正常の心臓では心房内の刺激は一旦「房室結節」に入り左右の心室脚へと刺激が伝わる。従って心房内の刺激が直接心室に伝わることはない）。

九州で開催される日本リウマチ学会総会事務局から依頼され、わたしはホワイト先生の通訳をすることになった。

「どんな方だろうか？」と思って大阪北区にあるローヤル・ホテルへ向かった。する

とホテルのロビーに姿を現した長身で細身の白髪の老人がわたしに近づくと、笑みを浮かべながら、

「Are you Dr. Takashina?」

と声を掛けられ、ホワイト夫人も品のある女性で笑みを浮かべながら挨拶を交わした。万博会場へ向かう車の中で、わたしがチュレーン大学のバーチ教授のもとに四年間いたことを知り、ホワイト先生が「ジョージは素晴らしい男だよ」（George is a wonderful fellow.）とコメントしてくれた。万博公園に着いてから、真っ先に驚いた

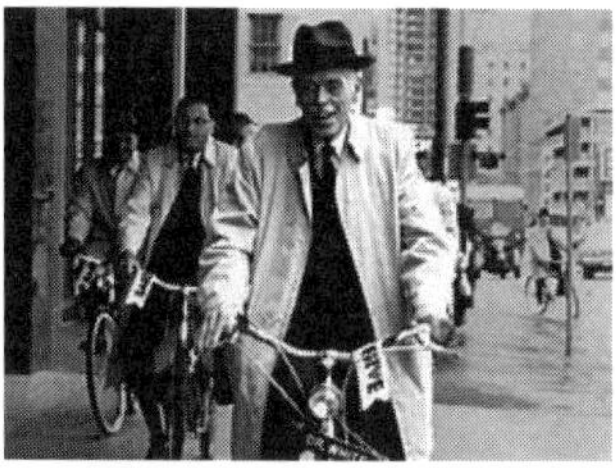

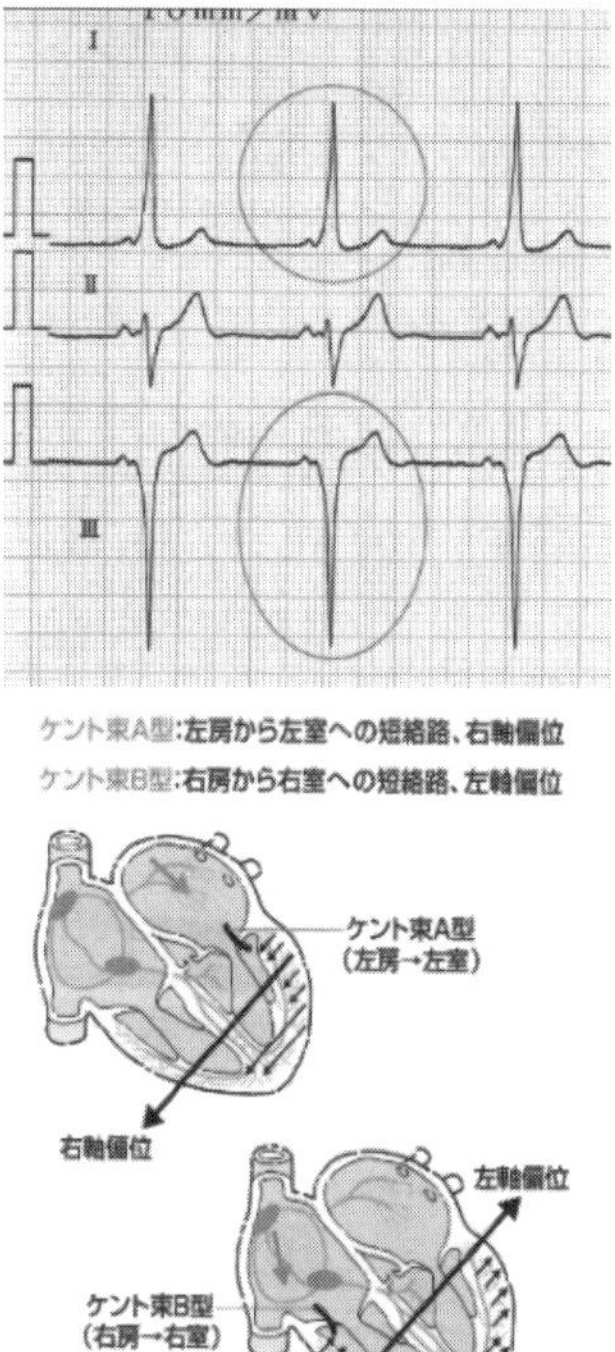

自転車で通勤するホワイト先生と、
WPW症候群の典型的な心電図

ことはホワイト先生の足の速さ！　とても八十歳過ぎの老人とは思えない力強い足取りで広大な敷地を休むことなく歩き通し、わたしの方が付いて歩くのがやっとだった。後でわたしが知ったことは、先生が「バイコロジー」（Bicology = bike-ecology）の提唱者であり「自転車を使うことで虚血性心疾患の予防になる」と提言されたことで、世界中にこの運動が広がって行ったことである。

そして翌日、日本リウマチ学会総会が開催され、ホワイト先生が最初に招待演者として講演を始められた。前もってホワイト先生の通訳をして欲しいと木村登教授から依頼されたのがわたしだった。ところがいざホワイト先生の手書きのスライドがスクリーンに投影されるや、驚いたのはわたし一人ではない。「WPW syndrome was first reported in 1930 B.C.」（ＷＰＷ症候群は紀元前一九三〇年に最初に報告された）とハッキリと読み取れるではないか！　会場の参加者もそれに気付いたのか、水を打ったような静けさ。わたしも何かの間違いではと思ったが、これは先生にB.C.の意味を聞かなくてはと思った。

「Dr. White, would you mind telling us, what does it mean B. C.?」（ホワイト先生、恐縮ですが、B.C.とは何を意味するのですか？）

すると先生はすかさず、

「Oh, it means Before my practice of Cardiology」（ああ、それはわたしが心臓病学をやる前という意味だよ）

この略語の意味を通訳するや否や、会場は暫く大爆笑の渦に巻き込まれた（＊ホワイト先生（一八八六〜一九七三）は生涯、心疾患の予防に取り組まれ、世界中の心臓病専門医が認めるレジェンドである。先生は一九〇八年にハーバード大学を卒業し、第一次世界大戦中はイギリス陸軍の軍医部門で活躍され、更に「ドクター・トーマス・T・ルーイス卿」（Sir Thomas T. Lewis）の指導を受け、ロンドン大学病院で一年間心電図学を学び、それが基礎となり「ＷＰＷ症候群」の発見につながった。またアイゼンハワー元大統領の主治医であったことでも有名である）。

ホワイト先生が綿密な心電図の判読をされた結果世界的な発見をされたことは素晴らしいことであり、いつも新鮮な記憶として蘇らせている。

大阪に心臓病クリニックを開設

一九六九年四月、わたしは淀川キリスト教病院から二キロのところにある現在の場所に、循環器科の専門クリニックを開設したが、同時に金子先生の後を継いで神戸大学医学部の非常勤講師となり、二足の草鞋を履くことになった。そして友人でもあり、先輩でもあった第一内科の依藤進助教授（故人）と共著で、イラストを駆使した心臓病学の入門書『心臓病へのアプローチ』を医学出版社の医学書院から出版した。この本は左右見開きページにイラストと問題形式で作られたもので、従来の教科書には見られなかったユニークな構成の心臓病学入門書として医学生や、若手の医師達に受け入れられ、現在まで改訂四版を重ねた。また一九八三年に医歯薬出版社から『クリニカル・プラクティス・イン・カーディオロジー』を出版しベストセラーになった。更に二〇〇八年に新しいスタイルの啓発書として若い医学生や、ドクターのために『心臓病の診かた・聴きかた・話しかた』を医学書院から出版した。そしてこれらの著書を出版したことによって心臓病の理解を容易にすることができたと考えている。**これが第五の「チャレンジ」である**（文献6）。

一九六九年四月、わたしは淀川キリスト教病院を退職し、病院から近い場所に心臓病クリニックを開設した。看護師長として木下佳代子（旧姓藤本）さんが献身的な補佐をしてくれた。彼女はイギリスの正看護師資格を取得していた有能な人であり、一九七六年、共著で『病態生理から見た心臓病患者の看護』（医学書院）を出版した。そして週一回、わたしは神戸大学医学部で金子敏輔先生のあとを継ぎ講義をすることになった。

神戸大学医学部でのレクチャー開始

神戸大学医学部で最初の講義が始まった。わたしはチュレーン大学の学生達が行ったケース・ワークアップ（患者さんから病歴を取り、診察のあと鑑別診断を行い、最後に治療方針を立てていく一連のプロセス）を、チョークで広い黒板の端から端まで一杯に一気に書いた後、前列に座っている学生に向かって

“What is your diagnosis?”（貴方の診断は何かね？）

と英語で聞いた。聞かれた学生は一瞬ポカンと口を開けたままだ。

「諸君、これがアメリカの大学医学部の学生が書くケース・ワークアップだ。これからは君達もアメリカの学生のように英語で、臨床医学を勉強していこうじゃないか」

七年前に「淀キリ」のドクター達が経験したように、初めて講義に出席した学生達は一様にカルチャー・ショックを受けた。やがてアメリカの臨床訓練の厳しさと、マ

ン・ツー・マンの教育でわたしから何かを貪欲に学ぼうと思った何人かの学生達が現れた。

　彼らは朝七時から講師室へ集まり、午前八時三〇分に始まる大学の講義を前に、毎週火曜日には自主的にわたしとの臨床英会話を通して、最新の医学トピックスだけではなく、臨床医にとって人間的なアプローチが如何に大切かを学んでいった。わたしが指導した彼らは独自の道を歩んで行ったが、中でも傑出した人物として東京慈恵会大学医学部・脳神経外科の大井静雄元教授や、ノーベル賞受賞者となった京都大学iPS細胞研究所所長の山中伸弥教授らは最も優れた後輩である。その他の後輩達も次々にアメリカや、ドイツに留学していったが、その後、各大学で教鞭をとり、教育、臨床、研究の面でも国際的な活躍をしている。

　日本でもやろうと思えば決してできなくはないことをしないのは、強固な意志がないかまたは全くやる気がないかの、どちらかだ。今日でも積極性に欠ける平均的な人々の意識構造は戦前からまるで変わっていないのではないだろうか。わたしは従来の医学教育には満足できず、絶えず新しい臨床心臓病学の教育法を考えていた。

　当時、わたしは学生達を教えていて、どうも理解できないことが一つあった。それは他でもない。医学生達は熱心に勉強するが、いざ実際の患者を前に病歴をとり、診察を行うという、基本的な手技を修得する段になると、極めて消極的になり余り関心を示そうとしなかった。その理由はすぐに分かった。日米の大学医学部での臨床医学教育システムに、大きな開きがあったからである。州によって異なるが、多くのアメリカの大学では、医学部一年生（三年次）になった時から、患者さんのいる家庭を訪問し、その家族構成や暮らし方や患者さんに対して家族がどう接しているかなどについて詳しく調べ、その結果を指導医に報告する。

臨床医学には全くの素人に過ぎない三年次の学生も、次第に臨床医としての仕事や社会的責任の重さを知り、二年の基礎医学教育を終え、五年次から始まる病院での臨床実習や病院での当直などを経験して、六年次やレジデントと共にこなす頃には、彼らも教科書を熟読し、連日行われているレジデントや、指導医達とのディスカッションにより医学知識も徐々に増え、卒業前にはケース・ワークアップも完璧なものとなり、立派な一人前のドクターとして、恥ずかしくないほどに成長していくのだ。

第二次世界大戦が終わるまで、日本の医学教育制度はドイツ流の医学教育制度を踏襲していたため、殆どの教授達は権威主義的であり、教授を交えて若手の医師達が自由に自分の意見を述べ、ディスカッションすることを許すような雰囲気はなかった。もし教授に向かって、反対の意見でも差し挟もうものなら、そのドクターには将来、昇進の道がないことを意味していたのである。また、学生のためベッドサイド教育の必要性を強調する人達は、皆無に等しかった。本来、大学医学部とは臨床に役立つ医師を育てる医育機関であるべきだ。が、どうだろう。

教授達にとって、一番大切なことは研究であり、二番目に臨床、そして三番目に教育という考え方が、各大学に浸透していたのである。中には教育熱心な同僚に対して、

「君は、研究もしないで教育だけでは、偉くならないよ」

と言う者もいた。大学医学部とは教育機関である以上、臨床医を育てなければならない使命がある。しかし、本末転倒も甚だしいのだが、当時の大学の指導医達にとって、これが現実の姿だった。

アメリカの大学教授達が、ベッドサイドで患者さんを診察しながら、若い医師たちに診断のプロセスや、その疾患に関する最近の論文の名前や文献を紹介して、鮮やかに鑑別診断を行っていくような光景は日本では決して見られなかった。学生を指導するための指導医を育てることなどは念頭にもなかったのである。従って名目上、指導

医と称する先輩の医師達がいるにはいたが、彼らが学生のためにベッドサイド教育を行うノウハウを身につけていなかったことは、残念ながら明らかであった。二〇〇四年より、医師国家試験にも臨床診断手技の評価を行う試験（ＯＳＣＥ：objectively structured clinical examination）が行われることになり、漸く全国の大学医学部でも臨床に即した研修が行われるようになってきたことは喜ばしい傾向である。

わたしとドクター・白木が淀川キリスト教病院で立ち上げた卒後研修システムが実を結んだのである。

臨床における三つの言葉

「心エコー図は、まだまだこれからの学問だし、新しい診断法として確立されるのには、もう少し時間が掛かるだろう。しかし、わたしが学んだ『心電図学』は、一九〇三年にオランダの物理学者だったアイントーフェンが最初に考えついたものだ。既に一世紀が経っているが、心電図とは心臓が一心拍ごとに発している電気生理的な変化を記録して、これを心臓病の診断に応用しているのだ。つまり心電図とは、心臓の電気生理的な言葉なのだ。言い換えてみると『臓器の言葉』（organ language）というわけだ」

「臓器の言葉って、初めて聞きました」と、ある学生が言った。

「これは、一九六九年に、クリーブランド・クリニックのアーヴィン・ページ教授(Dr. Irvine Page)が、『心音や心雑音、そして呼吸音や腸内雑音などを、臓器が発する言葉だ』と、医学雑誌に書かれたことがある。既に、ページ教授はその時、新しい医療診断機器が次々に開発されたため、ヤング・ドクターがこれらの機器を使って診断するのは、完全に患者さんを診察した上でなければ、決して初めから使ってはいけない、と警告しておられたのだ」

最近では患者さんから病歴も聞かず、十分な診察も行わずに、いきなり検査する若い医師が何と多いことだろう。それに患者さんに対して納得のいく説明もできない医師がかなりいる。一九八五年にわたしは日野原重明先生(故人)と共に社団法人を立ち上げたが、その二年前、日本臨床心臓病学教育会雑誌の創刊号に記した。

「君達が患者さんから主訴や病歴を聞くだろう? それは『日常語』つまり spoken language だよ。そして身体所見は『身体語』で body language ということになる。だから臨床の言葉には三つのものがあって、その三つの言葉が理解できなければ、臨床医とは言えないよ」

この「臨床の言語」（clinical language）とは、わたしの造語だが「三種の神器」ならぬ「三種の言語」である。学生達の中には深く頷いている者もいた。わたしは学生にプレテストとして様々なベッドサイド診断教育用のスライドを作っておいた。

「これからわたしが二枚ずつスライドを使って、そのどちらが正しいかを諸君に言い当ててもらおう」

と言ってわたしは頸静脈波の診かたや、全身の動脈波の触れ方、心尖拍動の触れ方や、聴診の仕方などの基本的な臨床手技を「正解」と「誤り」の二枚のスライドで学生達に示していった。彼らは初めどれが正しいのか分からなかったが、わたしが「正・誤」を解説するに及んで、その教育法に興味と関心を示し始めたのである。**これが第六の「チャレンジ」である**（文献7）。

一九六九年より、十七年間に亘って神戸大学医学部で教鞭をとったが、その間いろいろなことがあった。講義を始めて五年が経過した頃に、教授会でわたしの講義が臨床心臓病学を中心としたものであり、学生の人気も高かったためか、教授会は「高階先生の医学英語の講義は、基礎的知識として極めて大切であり、ぜひ学部一年の学生から教えて頂きたい」と結論を出したが、それには裏があったのだ。その裏とはわたしの講義に対して、ある教授から「何も心臓病の講義をしてもらわなくても結構だ。高階先生は英語だけを学生に教えれば良いのではないか」と反対の意見が出されたことを、後輩で友人である基礎の教授から聞かされた。

その後、その教授はわたしを部屋に呼びつけ、同じ文句を言ったのには、呆れてものが言えなかった。わたしは彼の教室員ではない。それに五年前、わたしが講義を始めた時には、「高階先生、ぜひ臨床の話を学生たちにしてやって欲しい」と言ったのは、他ならぬ彼だったからである。その教授も最早、故人となった。

わたしは何時もの通り、一年生の朝八時三〇分から医学英語の基礎的なことから講義を始めたが、医学には全く素人である低学年の学生には、わたしの講義は「馬の耳に念仏」であったに違いない。戦後の高度成長期に育った若者達には、ハングリー精神が欠けていた。それに「今更、高階先生の言うようにアメリカに行かなくても日本で十分やっていけるじゃないか」というイージーゴイングな気分が、既に学生の間に蔓延していた。それに加えて日本全国の大学に広がった学園紛争のため、大学の授業も暫らくの間、休講となったのである。一方、わたしの講義が無くなったことに酷くショックを受けていた三年生の一部の学生達に対してある提案を行った。

「君達、もし休み中にわたしのクリニックで勉強したかったら、二、三人ずつ、二週間交代で来てみるかい？」

「はい、ぜひ先生のクリニックに行かせて頂きます」

と、彼らは顔を紅潮させて答えた。こうして夏休みや、春休みを利用してわたしのクリニックで小グループの学生達に対して実地の臨床実習を始めたのである。診察室では、

「僕は神戸大学三年生の前川といいます。この二週間、先生のところで、実習させて頂いております。宜しくお願いします」

「こちらこそ宜しく」

と患者さんが答える。それは事あるごとに「諸君はドクターである前に、一人の社会人として誰に対しても礼儀正しく接するべきだ」と話していたからである。毎日の実習に来た学生達には各自に一〇枚の心電図を渡し、それを自分の力で読ませた。大学では数時間の講義しか受けていない学生達にとって、毎日提供される心電図を目の

前にして緊張していた。

「前川君、君読めるの?」と相棒の学生が聞く。「いーや、僕はまだ心電図の本を読み出したばかりだ。さっぱりだよ」とその学生が答える。他の仲間が心電図を読んでいる間に、わたしは一人の学生を診察室に招き、診察の順序を頸静脈波の診かた、全身の動脈拍動の触れ方、心尖拍動の触れ方、聴診の仕方から手にとるようにして教えていった。患者さんに向かって「学生さんのために聴診をさせて頂きたいのですが、宜しいですか?」と断った上で、聴診の実習を始めた。

「分かるかい? この三拍子リズムの最初の小さな音が四音なのだ。四音は心房が収縮した時に血液が左心房から左心室に流れ込んで、心尖部を打つときに発生する音で、自分の片方の手を耳に近づけて振った時に、耳に感じる風のような小さな音だよ」

「誰でも聴こえるのですか?」

「高齢者の方では約半数に聴くことができるし、心筋が硬くなる動脈硬化性心疾患(老人性変化によるもの)や肥大型心筋症(原因はまだ不明である)の場合でも聴こえるのだ」

「……」

「これが聴診の始まりだ。最初は誰でも四音は聴こえない。しかし、確かにそこにあるということを知って聴診するのと、知らないのでは大きな開きがあるのだ。もう少し時間を掛けて聴いてごらん。必ず聴こえるようになるから」

その翌日、別の患者さんの心音を聴いていた杉本君が感激したように言った。

「あっ、先生、分かりました、四音の小さな音が聴こえました」

こういったやり取りの後、わたしが毎日、新しい診察法について、一人ずつ学生達に教えていった。彼らは大学では決して教えてもらえない臨床診断の手技をわたしから学んでいったことだろう。

そして毎日、診療や大学での講義に明け暮れていたが、神戸大学内科に入院してきた女性患者の診察を依頼され診たところ、口紅をつけていないのに濃い紅色の唇をしていた。そして精密検査の結果一九七二年に「大動脈奇形」(Steidle 複合)という先天性奇形に掌紋異常があることを発見し、「アメリカン・ハート・ジャーナル」に報告した。**これが第七の「チャレンジ」である**(文献4)。

ハーヴェイ教授との出会い

一九七一年一〇月、首都ワシントンの郊外、メリーランド州ベセスダ市の閑静な住宅地にアメリカ心臓病学会は、事務局本部と心臓病研修センター「ハート・ハウス」を完成させた。その完成を記念して三日間に亘って行われた柿落としのセミナー『ベッドサイドにおける心臓病患者の診かた』に、わたしは日本から唯一の参加者として出席した。特別研修センターは六十九席のジェット機のファースト・クラスを思わせる人間工学的に設計された椅子。その椅子には、電子聴診器をはじめ、LLシステム、講師と参加者がマン・ツー・マンで対話のできるオーディオ・システムなど、当時、日本では考えられなかったほど、充実した「世界最高のクラスルーム」にわたしは深い感銘を受けた。それよりもわたしを驚かせたのは、その六十九席の椅子の背中に、それを寄付したアメリカの各大学の有名教授の名前が刻まれていたことである。

このセミナーを主宰したのは、既に世界的に有名で「マスター・ティーチャー」（全米では医学教育に貢献した数少ない教育者に与えられる称号）を持つ、ジョージタウン大学医学部のプロクター・ハーヴェイ教授（Prof. Proctar Havey、ニックネームは

「プロク」であった。）わたし達が座っている特別会議室にベートーヴェンの「皇帝」の荘厳なメロディと共に会場に姿を現したのは、白髪の小柄な紳士である。彼こそがハーヴェイ教授であった。静かに話し始める。

「皆さん今回の『ハート・ハウス』の柿落としのこのセミナーによく参加してくださいました。わたしは主宰者として嬉しく思います。ところで、皆さん、このオーケストラで、いま演奏されている楽器の名前を当てることができますか？　このメロディの中には、様々な種類の楽器が含まれています。それぞれの楽器の種類を聞き分ける耳を持つこと、これが聴診の始まりなのです」

そして始まったハーヴェイ教授の、あらゆる心臓病に聴かれる正常の心音や、各心疾患における心雑音を、口真似で表現する心音擬似法（Cardiophonetics）の素晴らしさ、そして時には、透き通ったクラリネット奏者の音色が会場一杯に響き渡ると、

「マイク、誰だったっけ？　ニューオーリンズから来たあの男は？」

講演中のハーヴェイ教授

「ピート・フォンテンですよ。プロク（Prof. Proctor Harvey）」と彼の弟子で、マイアミ大学医学部のマイケル・S・ゴードン教授（Prof.Michael S.Gordon）が笑いながら答える。そのクラリネットの音色を聞かせながら、会場に笑いを起こさせるハーヴェイ教授の華麗で、洗練されたスマートなショーマンとして、心憎いばかりの講義の進め方を見るにつけ、わたしは深い感銘を受け、「どうすればハーヴェイ教授のような教え方ができるだろうか？」と羨望にも似た気持ちを覚えた。

三日間に亘って休みなく語り続けるハーヴェイ教授の姿に、わたしは医学教育に賭ける「マスター・ティーチャー」の姿を見た。そしてゴードン教授らチームが作り上げた心臓病患者シミュレータ（ハーヴェイ君、Harvey Jr.）を見るに及んで、思わず目を瞠ったのである。

そのシミュレータとは、人体と等身大のシリコンゴムの表皮で出来たマネキンであり、頸静脈波、頸動脈波をはじめ全身の動脈波や心尖拍動を触れることができた。そして腹式呼吸もしている。聴診もシミュレータに具備した聴診器を使って聞くことができた。わたしがずっと頭に描いてきた、ベッドサイド診断を教えることができる心臓病患者シミュレータを、目の当たりにしたのである。「これこそ臨床教育に必要なものだ」とわたしの心は大きく膨らんだ。

このセミナーが契機となり、「日本にもハート・ハウスのような研修施設を作りたい。そしてハーヴェイ君も導入したい」と夢を描いた。帰国してから、わたしの臨床教育に賭ける情熱に一段と拍車が掛かったのは言うまでもない。臨床の現場で診察の傍ら、医学生やナース達を教えることを決して厭わなかったし、むしろ積極的に自分の経験したことや考え方を披露した。

カラー・スライドで撮ってきた「ハート・ハウス」の内容を、わたしは依頼された講演のリハーサルを兼ねて、自宅で家内の幸子や、長男の經幸、そして次男の經啓を前に一生懸命に話した。十歳と八歳の小学生を前に話をしたのだが、まだ小さな彼らには、随分迷惑なことだったろう。しかし「父親をあんなにまで興奮させるほどの事柄とは、きっと大変なものに違いない」と思ったと、次男の經啓が最近になってから話してくれた。

「ベッドサイドにおける心臓病患者の診かた」について話すわたしのユニークな講義の評判は、瞬く間に全国に広がった。その結果、各都道府県の医師会から講演の依頼が相次ぎ、年に四十回以上も講演で、北海道から沖縄まで飛んだこともあった。しかし、わたしがどんなに工夫して作ったスライドや、音楽や、心音聴診テープを使って研修を行ってみても、実際の心臓病患者を診察して臨床診断に至る過程や、心臓病患者の示す身体所見を（ハーヴェイ君）のように表現できないという、もどかしさがあった。

ベッドサイドで一番大切なのは、何と言っても聴診である。その聴診の訓練のためには、まず（ハーヴェイ君）のように、人体と実物大のマネキンを作る必要がある。そして、マネキンにスピーカーを埋め込み、心音・心雑音を記録したカセットテープの音を、スピーカーから再現すれば良いと何時も考えていた。まず、その計画に必要な聴診用のマネキンを、どうやって作り出すか？　また心音・心雑音を再生するための装置をどう作り出せばいいのかという具体的方法について案を練っていたのである。

第3章

1979年春
―
2004年春

アメリカ心臓病学会でフェロー授与

一九八〇年三月、サンフランシスコ。わたしは前年の一九七九年九月にチュレーン大学の恩師であるバーチ教授に再び招かれた。神戸大学医学部など日本における医学教育活動の内容を紹介し、チュレーン大学医学部と神戸大学との若い医師のために、交換留学制度を作ろうというものであった。しかし、折角の計画も神戸大学の内部事情で立ち消えになってしまったのは、今考えても残念なことである。

「ドクター・タカシナ、君は日本に帰ってから十七年間も自分のクリニックを持ちながら大学で学生を教え、一般の開業医のために教育を続けてきているのだろう？　それは素晴らしいことだとわたしも思うよ。アメリカでもそうだが多くの若いドクター達は開業すると忙しさのためか、教育に携われる人の数は減ってしまう。しかし、彼らの中にも勉強熱心な君のようなドクターもいる。彼らには、大学で臨床教授として学生達の指導に当たってもらっているのだがね」

「バーチ先生。日本ではまだ臨床教授のシステムが出来上がっていないことが残念でなりません」

「それは日本でもやろうと思えばできないことはない。僕は君のように教育熱心な人材が、もっと評価されても良いと思っているのだが」

「わたしもそう思います。日本の大学教授になるための資格は、論文の数が幾つあるのかということが重要で、臨床よりも研究のできる人が、高く評価されているのです」

「アメリカは違うよ。ところで、どうだろう。わたしが君を来年、サンフランシスコで開催されるアメリカ心臓病学会での『フェロー』（Fellow of American College of Cardiology＝FACC）に推薦してみよう」

バーチ教授の指示に従って「フェロー」の申請用紙をアメリカ心臓病学会本部から取り寄せた。そして大学を卒業して以来全ての活動内容をまとめてバーチ教授宛てに送った。先生は早速、わたしのために推薦文を書き同学会本部に送ったのである。こうして、アメリカ側からバーチ教授、日本側から石川恭三教授それに川井信義（故人）の両先生の推薦により、一九七九年一〇月、わたしはその年、日本から唯一人の「フェロー」として選ばれたのである。当時は、まだ日本人でこの資格を持っているものは少なかった。そして、翌年の三月サンフランシスコで開催される学会で授与されることになった。

一九八〇年三月、大阪国際空港からサンフランシスコ行きのユナイテッド航空八一

○便で、わたしは妻と共に午後六時三〇分に飛び立った。眼下に見える卵形の大阪湾の漣が、夕陽に映えて茜色に輝いている。空から見る大阪湾の美しさに思わず二人は見とれていた。間もなくジェット機は、太平洋上空に出て一定の高度に達し水平飛行に移った。機内の「シートベルトをお締めください」のサインも消え、乗客たちは機内を自由に歩き回れるようになった。

やがて機内でのドリンク・サービスと夕食の後、満腹感と連日の疲れが出たためか、機内で上映された映画も見ずに、ぐっすりと眠ってしまった。一体、何時間くらい眠ってしまったのだろう。ふと気が付くと朝食のサービスが始まっていた。

「おやっ？　先刻、食べたばかりじゃないか」

「そうね」と幸子が答える。

「まもなく当機は、サンフランシスコ国際空港に着陸いたします。座席を元の位置にお戻しになり、シートベルトをしっかりとお締めください」

「飛行機だと早いわね、眠ったと思ったら、もうサンフランシスコね。初めてアメリカに来た時は、大変だったわね」

「あれから何年になるかな？」

「二十二年よ」

ホテルに着いた二人は、カウンターで思わぬメッセージを受け取った。それは、神戸アメリカ総領事館に勤務していたジョージ・ケフリー領事からのものである。ケフリー夫妻は、わたしがアメリカ心臓病学会でフェローに選ばれ、その授与式のためサンフランシスコに来ることを知り、わたし達をその日のディナーに招待してくれたのである。夕方、ホテルへ車で迎えに来てくれたケフリー領事は、満面の笑みを浮かべて、

「ようこそ、いらっしゃいましたサンフランシスコへ。タカシナ・センセイ」

と流暢な日本語で挨拶し、わたし達をドライブに誘い、しばらくサンフランシスコ市内を案内した後、空から見た「金門橋」の上を、今度はケフリー領事の車でドライブすることになった。この橋は「ネバダ丸」でアメリカに到着し、初めてのアメリカ西海岸の玄関口だったのだ。

「まあ、懐かしいわ。この橋の下を二十二年前に通ったのよ」

ケフリー領事は、わたし達が一九五八年に船でアメリカに来たことを前から知っていた。その細やかな気配りに、わたし達は言い知れぬ温かさを感じた。やがてケフリ

ー領事は金門橋を越えた所にあるレストランの前の駐車場に車を停めた。夕暮れになってレストランの窓を通して見える赤や、黄、ブルーの宝石が煌くようなイルミネーションに輝く、サンフランシスコの夜景の素晴らしさは喩えようがない美しさだ。

「この度は、アメリカ心臓病学会のフェローになられて、オメデトウございます。タカシナ・センセイ」

心のこもったケフリー領事夫妻のもてなしに、わたし達は本当に心を癒やされた思いであった。


その翌日からサンフランシスコ・コンベンション・センターで始まった学会には、アメリカばかりでなく世界中から心臓病専門医が集まり、その数は二万人を超える大国際会議となった。学会三日目の夕方、わたし達は市内の授与式会場へと向かった。広い控室で新しくフェローに選ばれたドクター達は、それぞれ真っ赤なビロード地に、二本の紺色の太い線の入ったガウンに着替えた後、ロビーで待っていた。その時である。

「ケイ！　おめでとう！」

と声を掛けてくれたのは、満面に笑顔を浮かべたドクター・ジェームスであった。

本当に久しぶりの再会であった。

「ドクター・ジェームス、ソー　ナイス　トゥ　シー　ユー」

「元気かい？　フェローになって良かったね」

「ありがとう」

ところが、ドクター・ジェームスと話している時、足早に近づき、

「アー　ユー　ドクター・タカハシ⁇」

と聞いてきたドクターがいた。

「いいえ、わたしはドクター・タカシナですが」

「失礼、貴方が、若手研究者特別賞を受賞された方だ、と思っていました」

そのドクターはすぐにロビーを後にして出て行った。わたしの名前が「タカシナ」なので、間違えたのだろうということはすぐに分かった。

「幸子は一緒かい？」とドクター・ジェームスが聞いた。

「ええ、一緒ですよ」

「宜しく伝えてくれ」と、言って彼は先に会場へ向かった。

やがて賛美歌の静かな調べが式場に流れ、厳粛な授与式が始まった。牧師が「今日の素晴らしい日に、アメリカ心臓病学会の新しいフェローが誕生したことを神に感謝する」と祈りの言葉を述べ、賛美歌「わが主よ」の大合唱が式場に溢れた。引き続き、一九八〇年度の会長であるブランデンバーグ先生が、この年次学術総会が、関係各位の協力によって成功したことを報告し、新しいフェローに対して慶びの言葉を述べた後、授与式の記念講演のスピーカーである「ダニー・ケイ」（Danny Kaye＝往年のハリウッドを代表するコメディアン）を紹介した。

ダニー・ケイ登場

シーンと静まり返ったとき、ダニー・ケイが会場の後方ドアから姿を現した。静かな、そして爽やかな拍手が、一斉に式場の両脇を埋め尽くした出席者の間から起こり、次第に会場全体に広がる大きな拍手が巻き起こった。

ダニー・ケイは慎重な面持ちで、それに応えるかのように、微笑みながら歩いていく。そして演壇の踏み段に足を掛けた。その途端、彼は踏み段に蹴躓いてしまったのだ。大袈裟に体を動かし困ったような表情で、一歩一歩（といっても、数は三段しかないのだが）踏み段を登っていく彼のコミカルな姿に式場はどっと沸いた。ワンマンショーの開幕である。濃いグリーン地に二本の黒い線の入ったガウンを身に纏ったダニー・ケイが演壇に立つと、式場を埋め尽くした参加者から、再び大きな拍手が湧き起こった。

「きょうは、ここにお集まりの皆さんにとって、何て素晴らしい日なのでしょう。しかし、わたしにとっては実に困った日になってしまいました。と言うのは、先日の夕方、わたしが家で犬を洗っていましたら、会長のブランデンバーグ先生から電話が掛かってきました」

「そしてわたしに〝ダニー、今年のアメリカ心臓病学会の『フェロー』授与式で、記念講演をお願いしたいのだが〟とおっしゃる。そこでわたしは、〝先生、誰か他の方と電話番号を間違えておられませんか？〟と伺ったところ、答えは〝ノー〟。〝それで一体、わたしに何を話せとおっしゃるのですか？〟とお聞きしたところ、〝何でもいいから、ダ

アメリカの名俳優ダニー・ケイ

ニーの思ったことを話して欲しい〟と、こうなのです。〝それで本当に何をしゃべってもいいのですね？〟と念を押したところ、答えは〝イエス〟。そこで、仕方なく今日の講演をお引き受けしてしまったのです」

と、言って演壇から彼の右横に座っているブランデンバーグ会長の顔を見た。眉をひそめて如何にも困り切ったような表情と、両肩を竦めたゼスチュアに、満場の拍手と笑いがどっと会場を揺るがす。やがて間を置いてダニー・ケイは、一語一語区切るように、映画の中で見たコメディアンの時の、おどけた機関銃のような早口での語り口とは全く違った雰囲気でゆっくりと話し始めた。

「皆さん方もご存じの通り、わたしはずっとユニセフの仕事をしていましたが、今から十数年前のことです。いつかタイ国のバンコックを訪れたことがありました。その時、沢山の子供達に囲まれて、笑いを振り撒いていたのですが、一人だけ、どうしても笑わない子供がいるのです。どうすれば笑ってくれるのかなーと考えていたのですが、わたしはふと思いつき、ポケットからチューインガムを取り出しました。その一つをわたしの口に、そしてもう一つをその少年の口に入れてやりました。そして暫く噛んでから、わたしはチューインガムの端を指でつまんで、口の端からピューと伸ばして見せました。すると、その少年もわたしがやったのと同じように、自分の口からチューインガムを引き出してわたしに見せたのです」

「その時、初めて少年は楽しそうに笑ってくれました。わたしにとってその子の笑顔は本当に宝石の輝きのように思えたのです。その少年とわたしの笑顔をポラロイド写真に撮ってくれた人が、記念にその写真をくれました。そして翌日、わたしはタイ国を後にしました」

式場は静まり返り、ダニー・ケイの言葉に耳を傾けている。一息おいて、彼は、

「それから十年経ったある日、わたしはもう一度、別の映画の仕事でバンコクを訪れる機会に恵まれました。十年前に少年と一緒に撮った写真を、タイ国の友人達に見せて〝あの時の少年にもう一度是非会いたいから探してくれないか？〟と頼みました。しかし、二日経っても三日経ってもわたしには何の連絡もありません。もう十年も経っているのだから、少年も何処かに行ってしまったかもしれないと、半ば諦めかけていたのです。四日目の朝、わたしは出発準備をして、ロビーの椅子に座って友人の車を待っていました」

「その時です。一人の青年が、つかつかとわたしのところに歩み寄ってきました。〝お

じさん、僕を覚えていますか?〟。しかし、残念ながらわたしには記憶がありません。〝いいえ、残念だけれど君のようなハンサムな青年には一度も会ったことがないよ〟と答えました。だって今までに彼に会ったことがなかったのですから。ところが、その青年はわたしの前から立ち去ろうとしません。わたしには迎えの車が来る時間です。〝済まないけど、わたしはもう発たなくてはならないのでね〟と言いかけた時です。その青年はポケットから二つのチューインガムを取り出しました。呆気にとられて青年の顔を見詰めているわたしに一つのチューインガムをくれました。そしてもう一つのチューインガムを自分の口に入れました。

〝まさか!?〟やがてその青年はチューインガムの端を自分の口から指でつまみ出し、ピューと伸ばしてみせました。顔中を笑いに変えて。その顔は紛れもなく十年前の少年の顔だったのです」

「わたしの肩に手を掛けて、人懐っこく微笑んでいる青年を見上げた時、まるで空を覆っていた真っ黒な雲が切れ、明るい太陽の光が空一面に広がっていくように感じ、思わず立ち上がってその青年の体を両腕でしっかりと抱き締めました」

「わたしは、一人のコメディアンです。しかし、皆様はドクターであり、『人々の心臓』の病気を治すという素晴らしいお仕事をしていらっしゃる。確かにわたしは皆様と比べると、少しは年もとっていますし、少しはお馬鹿さんで学問もありません。しかし、わたしがユニセフの仕事を通して学んだことは、わたしの笑いと愛情を持って、世界中の子供達に接することができたということです」

「どうか、今日、フェロー（fellow）になられたドクターの方々が、これからも、本当に人の心に触れるような立派なドクターになってくださることをお祈りして、わたしの『愛と笑いと人生』"Love, Laugh and Life" という話を終わります。皆様方のご幸運をお祈りします」

と言って、講演を終わった。彼が演壇を離れようとした瞬間、式場の全員が総立ちとなり「ウォー」という歓声と共に万雷の拍手が会場を揺るがした。ダニー・ケイは右肘を演壇につき、拳を顎に当てたまま動かない。そして、彼の両眼から涙がキラリと光って頬を濡らした。

やがて、ブランデンバーグ会長に促されるようにして、演壇から今度は注意深く、一歩ずつ踏み段を降りていったダニー・ケイは、会場を埋め尽くした人々の顔を一人一人見詰めるような眼差しで、口笛を吹き鳴らし、口許に笑みを浮かべながら最後には急ぎ足で緑のガウンを翻し、会場の中央通路を通って式場を後にした。

一九八七年の春、ダニー・ケイは帰らぬ人となったが、彼が残してくれた世界の人々への「心の贈り物」を、わたしはフェローシップ（ＦＡＣＣ＝Fellow of American College of Cardiology）を授与された思い出と共に、その時の感激を決して忘れることはない。

ホテルに帰ったわたし達は、その日の緊張と興奮で一杯だった。フェローシップ授与式のために、朝からばたばたと忙しく過ごし、式場で記念写真を撮影したりした。長かった一日を振り返り、感慨無量であった。

「フェローになって本当に良かったわ。おめでとう」

「有り難う、幸子。日本でやってきた医学教育に対するわたしの活動を、アメリカ心臓病学会が認めてくれたのだ」

一九五八年以来、共にニューオーリンズで四年間を過ごし、そして日本に帰ってから今日まで二人の男の子を育て、わたしを助けて頑張ってきているうちに、何時の間にか二十二年が経っていたのだ。その夜、ホテルのダイニングルームで祝ったディナーの味は格別だった。わたし達は、窓を通して見える美しいサンフランシスコの街をいつまでも眺めていた。

帰国してから、わたしはアメリカ心臓病学会のフェローになったことを当時、大阪府医師会の副会長を務めていた兄の經昭に報告した。このことは、直ちに大阪府医師会の理事会に報告された。

わたしがフェローになったことは、一九六九年にクリニックを開設して以来、今日まで毎月、臨床心臓病学の勉強をしてきた東淀川区の木戸友三郎先生や、淀川区の平岡健次郎先生ら、数人の友人達に知らされた。そして急遽、今まで共に勉強してきた数人の仲間が集まり、ホテル・プラザで、わたしのために祝宴を催してくれたことは何よりも嬉しく、仲間と共に美酒に酔った一時であった（その仲間も既に帰らぬ人となった。冥福を祈る）。

それから二年後の一九八一年、わたしは大阪府医師会より長年に亘る地区医師会員に対する臨床心臓病学の教育活動が認められ学術最優秀賞を授与された。

初心者のための心電図ガイドブック

一九七九年、わたしは東京にある医学書院から、『心電図を学ぶ人のために』という教科書を出版した。この本を書くに当たって、同社の乾成夫氏から、「何とか初心者のために、分かる心電図の本を書いてくれませんか？」と依頼が二年前にあったのだ。わたしはチュレーン大学医学部でバーチ教授から学んだ心電図の講義の面白さや、学生に理解させるために、バーチ教授が周到な準備に絶えず工夫を凝らし、何を教えるべきかを何時も考えていた姿を思い出し、心電図を教えるためには何が大切かを、わたしが初心者の立場に立ち返って書いた。この本の編集を引き受けてくれた広瀬真氏には、三日間に亘って彼が納得するまで心電図の講義をした。その結果この本が出版されたが、その後、改訂を重ね五十年以上経った今も、多くの方々に広く読まれている。画期的な初心者向けの内容で**これが第八の「チャレンジ」となった。**(文献7)。

更にわたしは聖路加看護大学学長（当時）であった、故日野原重明先生らと、同年、医学書院からナースを対象に『バイタルサイン』を分担執筆し、出版した。わたしのベッドサイドにおける、脈拍の測定の仕方や、血圧の測定の仕方、血圧測定にとって「コロトコフ音」発生のメカニズムについても、新しい見解を示したが、この本もまた、五十年以上経過した今日でも、未だに多くのナースの方々によって読まれ、また高血圧患者の血圧測定時における「聴診間隙」の理論を説明したわたしのイラストが、多く引用されていることは喜ばしい。わたしの執筆ポリシーは誰にでも理解できることが原則だ。

心臓聴診シミュレータ（さゆり）誕生

あれこれ思案の末、人体の肺実質に近い空気の層がある発泡ウレタンを使ってみようと考えた。その材料は東急ハンズにあると判断し、早速土曜日の午後、東急ハンズ江坂店を訪ねた。果たせるかな、発泡ウレタンなどを扱った形成材料の売り場が三階にあり、そのコーナーに、五〇センチ角で厚みが四センチの真白な発泡ウレタンが、棚に置かれているのが目に入った。

「これで、マネキンのボディを作ってやろう」

と、わたしは考えた。そこで二五枚の発泡ウレタンを注文した。正に、これが聴診シミュレータ製作への第一歩であった。数日後に届いた発泡ウレタンの山を見てクリニックの後内道子看護師長は驚いて、

「先生、一体これで何を作ろうというのですか？」

「今に分かるよ。手伝ってくれるかい？」

「力仕事なら、任せてください」

と言って包みを持ち上げてみたが、相手が軽すぎて、些か拍子抜けしたに違いない。

四センチの厚みの発泡ウレタンの片面にG17ボンドをシンナーで薄めて塗りつけ、五枚ずつ張り合わせ、その上に十一ミリの厚手のベニヤ板を置き一昼夜おいて置くと、五枚で二〇センチの塊となった。こうした作業を五回繰り返して、遂に一メートルの発泡ウレタンの真っ白な搭が出来上がった。それを散髪屋の鋏で切り込んでいく。初めのうちは、真っ四角だった発泡ウレタンの塊が、徐々に女性の上半身に変わっていった。わたしは彫刻家にでも成りきったつもりか、また修行僧のように、一心不乱に製作を続け、始めてから六か月が過ぎ、漸く、美しい原型が出来上がった。ボディの歪みもない。思わず「やったぞ！」と叫んだ。

日本橋の電気店に何度も足を運び、いろいろと試してみた結果、ソニー製の、直径三センチのイアホーン・スピーカーを使ってみたところ、このスピーカーが、正確に心音・心雑音を、再現してくれることが分かった。直径二センチに開けられた発泡ウレタンのトンネルに、直径三センチのスピーカーを挿入する作業は容易ではない。まずスピーカーの後ろ側から、直径二センチほどの竹筒の端に軽く接着剤を付けて一時固定した後、スピーカーの回りに植物油を塗り静かにトンネルの中に挿入していく。徐々に押し込むに従ってスピーカーは目には見えなくなっていった。そして背中から、正確に予め測った位置に来た時、竹筒の端を回転させながら手前に引っ張ると、スピーカーを所定の位置に設置することができた。しかし、この作業工程が一番難しく、全神経を集中しなければならなかった。わたしはこのマネキンの製作過程を、簡素化する方法があるに違いないと思って大洋工芸の安田修身主任に相談してみると、

「我々も強化繊維プラスチックではなく、女性の下着メーカーから、柔らかい素材のマネキンの製作を依頼されていますが、東京のメーカーに問い合わせてみましょう」

という返事であった。勿論、わたしも既成のボディを使うのが、早道に違いないと考えた。その後、安田さん自身が粘土で作成した見事な女性の上半身のモデルを原型として石膏の型を取り、それから金型を作り、この金型に予め着色した塩化ビニールを注入し、回転式加熱釜で処理すると、ピンク色の美しい皮膚が出来上がった。そして金型から剝離した皮膚に発泡ウレタンを注入して製作する作業が行われ、ソフト・マネキンが完成した。

一方、心音の入力作業は、友人の紹介により東京電機大学の福井康弘教授と、益澤

徹研究員が担当した。収録した心音・心雑音をマイクロチップに入力した操作器を作成し、スイッチの切り替えによって、二十症例の各心疾患に、特徴的な心音のI音・II音、および心雑音を大動脈部位、肺動脈部位、三尖弁部位、僧帽弁部位から独立して発生させることができたのである。

こうして、三年に亘る手作業の結果、ついに聴診用シミュレータを完成させることができた。聴診シミュレータの製作に携わった福井康弘教授と益澤徹研究員らが試作シミュレータを作り上げた時、朝日新聞社科学部の田辺功記者（当時）が、わたしと一緒に東京電機大学を訪問し、一九八九年三月二九日の夕刊に「マネキンの胸から患者の聴診」というルポの記事を書いた。

心臓病患者シミュレータ（ハーヴェイ君）

一方、一九八四年にマイアミ大学を訪れて以来、東京のエーザイ株式会社と何度も交渉の結果、遂に（ハーヴェイ君）をエーザイ株式会社の協力により、マイアミ大学から大阪に導入することができた。一九八九年四月のことである。このシミュレータ（ハーヴェイ君）が、社団法人臨床心臓病学教育研究会に導入されたことが、翌日、直ちにNHKニュースでも報道された。

「いやー、凄いものが、大阪に来ましたね」

初めて研修に参加したドクターは異口同音に
「わたし達が考えていたものより、ずっと大きなものですね」

などドクター達は、いろいろな感想を漏らした。（ハーヴェイ君）の点検のため、マイアミ大学から一緒にやって来ていたミスター・シンは、インド系のアメリカ人で、小太りの小柄な男だった。しかし、話を聞いてみると彼には糖尿病があり、二か月前に心筋梗塞を起こして良くなったばかりだという。

わたしも彼の仕事振りには気を遣った。大阪港の大阪市が所有する船着場の建物の二階を借りて、（ハーヴェイ君）を研修に使うことになったのだが、その前に厄介な問題が起こった。

大阪税関の係官がやってきて、（ハーヴェイ君）を点検するという。このシミュレータが、医学教育に使われるもので予め輸入業者がマイアミ大学医学部からの証明書を提出していたのだが、

「これはあくまでも商品であり、教育目的であっても、課税の対象になります」

との一方的な税官吏の判断で、多額の輸入税を支払わされたのである。その時、官報や新聞紙上で、既に「医学教育資料などは無税である」ことが公示されていたので、わたしは大阪税関に出向き、抗議したが、あくまでも彼等は態度を変えようとはしなかった。官報で決まった事実を無視する彼等の態度に、さすがのわたしも腹が立った。何でも後で聞くと、府会議員の口添えがあれば、無税で通関すると知り、改めて役所の歪んだ体質を思い知らされた。

研修を一時間続けていると、調子が悪くなる。「ハーヴェイ君も疲れてきたのでしょうか？　三十分ほど休ませましょう」

と、初めのうちは冗談で済ませていたのだが、一定の時間が経過すると「カタッ、カタ、カタッ、カタ」という音が、止まらなくなってしまう。調べてみると、この音はカム装置が長時間の使用によって、器械の嚙み合わせが微妙にずれるためであることが分かった。

「この頸静脈波の動きは、何か変ですよ」

とあるドクターが指摘した。調べてみると、確かに僅かなA波と呼ばれる右心房の収縮によって、発生する頸静脈波の振れが頸動脈拍動の大きな振れと一致してしまうのだ。これでは診断ができない。

一九八五年、兼ねてから考えていた心臓病を中心とした生活習慣病の知識の普及を行うために社団法人を設立した。この法人設立に当たって大阪府国際交流監であった大藤芳則氏の尽力により設立することができたが、その事務的な仕事を手伝ってくれたのは、他ならぬ看護師長の後内道子さんであった。我々の法人は数年アメリカにおいて臨床訓練を受けた医師が中心となって、医師、ナース、医学生をはじめ医療関係者のための研修活動と、一般の人々のためにその予防のための啓発活動を行うことを目的として「社団法人臨床心臓病学教育研究会」という名称で設立された。そして毎月、研修会および各種のセミナーなどを行うほか、毎年、夏季大学を行っている。

一九八九年夏、大阪府医師会館を二日間使って、「心臓病の夏季大学」を主宰したのであるが、これには（ハーヴェイ君）プロジェクトのリーダーであるマイアミ大学のマイケル・S・ゴードン教授、ジョージア州アトランタ市のエモリー大学からフエルナー教授、そしてアリゾナ大学から、ゴードン・A・エーヴィ教授（Prof.Gordon A.Ewy）の三名と、マイアミ大学から技術者三名、それに各先生の夫人達が大挙して大阪にやってきた。

（ハーヴェイ君）を駆使して、三人の教授が、各心疾患における身体所見と心電図、心エコー図との関連について立体的に行われた講義は、確かに手応えのあるものだった。三人とも独特の雰囲気があり、しかも、それぞれ如何に教えるべきかを心得ている。わたしがマイアミ大学を訪れた時、ゴードン教授が、

「講義はショーだ。魅力のない講義は、誰も聞いてくれない」

と言っていたことを思い出した。二日間の魅力ある講義は、確かに面白く、参加者にとって初めて経験するアメリカ流の臨床心臓病学の醍醐味を満喫させてくれたのである。

しかし、先に触れた予期せぬ事態とは（ハーヴェイ君）の移動における運搬費用が莫大で、大阪市内の僅かな距離の一回の往復でも四十万円もかかってしまったことである。これではとても研修のために簡単には移動はできない、どころか研修ごとに大変な赤字になった。

一方、わたしと前出の福井教授と益澤研究員は「聴診シミュレータ」製作のプロセスや、構造や機能、そして聴診における精度などについて、詳細な経過と医学教育に

における効果について研究論文を書き、国際的循環器学専門誌の「Clinical Cardiology」に投稿して受理され、一九九〇年に発表された。これが第九の「チャレンジ」となった（文献8）。

「ウォット　イズ　ディス？」（What is this?）

このシミュレータを使って、わたしは何回となく「心臓の聴診」と題する講演を国内でも行ってきたが、一九九〇年三月に聴診の講義のため、アリゾナ大学医学部のエーヴィ教授に招かれた時のことを思い出すと今でも可笑しくなる。聴診シミュレータをスーツケースに入れてトゥーソンに着いた時には、何のトラブルもなかったが、大学で聴診シミュレータを使っての講義も終わり、翌朝、帰国のため空港カウンターでチェックインした時のことである。

スーツケースの一つが、ベルトに載って隣の部屋に消えてから、間もなく、黒人の荷物検査官がドアを開けて出てきた。そして、

「すみませんが、こちらの部屋に来て頂けませんか？」

すぐにわたしはその理由がわかった。スーツケースに入っている聴診シミュレータ

にあったのだ。

「このスーツケースを開けてくださいませんか？」

中から出てきたのは当然、聴診シミュレータである。

「What is this?」（これは何ですか？）

「これは聴診シミュレータで、わたしはアリゾナ大学で講義をして、これから日本に帰るところです」

「貴方はドクターですね。わたしの興味でお聞きするのですが、これは何で出来ているのですか？」

「表面は塩化ビニールで、中身は発泡ウレタンで出来ています。その中に四つのスピーカーが入っているのです」

「道理で、わたしがレントゲン検査で見たときは一体何が入っているのか、皆目、見当も付きませんでした」

といって、その係官は笑った。それから、彼はこの聴診シミュレータに、検査官ではなく個人的に非常に興味を持ったようだ。

「このシミュレータはパテントを取っておられるのですか？」

「いえ、まだです」

「アメリカのパテントを取れば、百万長者になれますよ！」

と言って、再び大きく口を開けて笑った（今になって考えてみると、もし、あの二〇〇一年九月一一日のハイジャックによる大惨事の後であったとすれば、わたしは疑いを掛けられ、検査のため足留めされ飛行機には乗れなかったかもしれない）。

そして、更に改良を加え、単に聴診の訓練だけではなく、心臓病患者の持つ全ての身体所見を再現できるシミュレータとして、（ハーヴェイ君）を超える、より完成度の高い心臓病患者シミュレータを作り上げなければならないと考えていた。

まずその第一段階として、聴診シミュレータ（さゆり）を作り上げたが、聴診だけではなく、既に数年前から東京工業大学の清水優史助教授と、血圧と脈波発生装置の開発に取り組み、脈拍を発生させる装置を完成させていた。しかし、臨床手技の教育には、血圧や脈波発生装置だけでは、医師や、医学生あるいはナースには魅力がない。何とかわたしが開発した聴診シミュレータと、清水助教授が開発した装置を使い（ハーヴェイ君）とは全く違った方法で、新しい心臓病シミュレータを製作してみようと考えていた。

その頃、折角、研修のため導入した（ハーヴェイ君）が、予想以上にメンテナンス上のトラブルを起こし、毎回の研修活動に水を差していたからである。

こうして聴診シミュレータ（さゆり）で培われた技術が、次の新しい心臓病シミュレータに生かされていくことになり、わたしが技術指導した宮野医療器との仕事も終わった。

わたしは、大洋工芸の安田さんに改めて、今度は「聴診シミュレータ」ではなく、新しい「心臓病シミュレータ」を製作する計画を話した。安田さんは全身のマネキンを作成する前に、脈波を発生させる装置を開発するため、マネキンの片腕を提供してくれた。そしてマネキンの手首の撓骨動脈の部位に、血管の拍動が触れるように幅一センチ、長さ五センチの穴を開け、ここに直径五ミリほどの生ゴムを入れた。これに清水先生が開発した電空装置（電気的にコンピュータの指示により、空気圧を変えることができる装置）を使って実験が開始された。

しかし、人体の通常血圧である一二〇ミリメートル水銀柱の圧力を加えても、生ゴムで出来た人工血管はぴくとも動かない。

「清水先生、全く脈が触れませんね」

清水先生もその部位を触れてみたが、心臓に見立てたポンプから送り出される圧では、生ゴムの壁があまりにも硬過ぎるのである。

「もう少し、上げてみましょうか？」と清水先生。しかし、圧が二気圧の二四〇ミリメートル水銀柱、三気圧になっても「生ゴム血管」には、脈が僅かしか触れてこない。四気圧の四八〇ミリメートル水銀柱になって、初めてわたしの指先に脈拍が触れ始めた。

「やっと触れた！」と、思わず清水先生は言ったものの、

「しかし、これでは大動脈の壁さえ裂けるほどの圧力ですよ」

「これでは実用では使えないな」とお互いに顔を見合わせる。

何度かのテストを繰り返した末に血管壁の材質を変え、ついに清水先生が辿り着いたのは、薄いシリコンチューブだった。これならば使える。そして電空装置を起動させると、一二〇ミリメートル水銀柱のポンプ圧で十分に脈波が触れることが分かった。一九八八年の春のことである。

この清水先生の電空装置は完成したが、しかし、この新しい装置はサイズも大きく、まだ、どこの大学や病院でも実際に使えるようなものではなかった。

「ここまで完成しましたが、実践には役立ちませんね」とわたし。

「確かに、我々の工学部的な技術では、脈波を発生させることはできるのですが、商品化するのには時間が掛かりそうです。髙階さんも、一度どこか、この装置に興味を示しそうなところに、声を掛けてみられたらどうでしょうか？」と、清水先生は提案した。

「やってみましょう」

しかし、わたしの頭の中では、まだどうやってこの装置を実用化し、血圧発生の原理や脈波の形などを教えていくかについて、具体的な計画は立っていなかった。以前に清水先生がわたしに聞いたことがある。

「血圧や脈圧などは、測定し記録もできるでしょう？」

「ええ、そうですよ」

「では、どうして、改めて人工的に血圧を発生させ、脈を作り出す装置が、必要になるのですか？」

「それは、現在の大学医学部での臨床教育では、血圧測定に始まり患者の脈をとるという教育が、行われていないからですよ」

「しかし、我々専門外の人間から見ると、そんな基本的な診断技術は、お医者さんになる前に、みんな修得しているものだと思っていました」

「いや、事実はそうではないのです」

「それは、寂しい話ですね」

　こういった話は、わたしが東京工業大学に清水先生を訪ねる度に交わされたものだった。まだ何処の大学でも臨床におけるベッドサイド教育が十分行われていない。ハイテクに溺れて、臨床におけるベッドサイド診断学の基本となるべき手技を、学生達に伝えなければ、今の教育方針のままでは、医学部教育は「医師」（physician）を育てているのではなく、単なる「医療技術者」（medical engineer）を作り出しているのではないか。

　臨床心臓病学教育に対する、わたしの姿勢は変わらなかった。絶えず「どう教えるべきか」（how to teach）ということと、「どう教えてはいけないか」（how not to teach）ということを念頭に、講義を通していつも医師やナース、医学生達に問い掛けていた。

　それからわたしは学生達にとって、最初に覚えてもらいたい心音として「機能性雑音」（無害性雑音とも呼ばれるが、十歳以下の子供であれば、約九割近くの子供に聴くことができる雑音で、全く正常である）の聴診をさせてみた。

「分かるかい？　〝ダ〟という一音の後に、柔らかい〝ハッ〟という音が聴こえるだろう？　よく聴くと〝ダッ・ハッー・タッ〟と聴こえるよ」

　暫く学生の一人が聴いていたが、

「先生、小さな音ですか？」

「そうだ、その小さな音が、人によっては大きく聴こえることもある」

「でも『機能性雑音』か、どうかは、どうして分かるのですか？」

「いい質問だね。機能性雑音というのは「三つのS」つまりShort、Soft、Systoleの頭文字を取っていうのだが、〝短く、柔らかで、収縮期に聞かれる雑音〟ということだ。初心者にとっては、初めのうちは耳に聴こえないような音だね」

「聴診で難しいのは、心音の聴診であって、心雑音の聴診はむしろ簡単なのだ」

「はい」と答えてはいたが、まだ本当に分かったのか、どうか疑わしい。それでも良い。学生達が徐々に一つの診断技術を身につけていけばいいのだから。

「大学の講義でも、何回も話したと思うが、自分が聴診した心音・心雑音を口で表現する方法を、「心音擬音法」(Cardiophonetics)と言って、アメリカのジョージタウン大学医学部の、ハーヴェイ教授が、その道の達人だよ」

「面白そうですね」と学生の一人が言った。

「心音や心雑音とは心臓が話す『臓器語』(organ language)。心電図も心臓の『電気的な言葉』だよ」

「先生の講義で、お話しになる『心電図』も臓器語なのですか?」

「その通りだよ。心臓は一心拍ごとに電気生理的変化を、我々に教えてくれているのだから」

「臨床心臓病学って、興味がありますね」

「そうだ。心臓は一心拍ごとに、我々に語り掛けている」

学生達も徐々にではあるが、臨床心臓病学に興味が湧いてきたようであった。

アジア・ハート・ハウス構想

一九九〇年一一月二一日、わたしは「アジア・ハート・ハウス」構想を打ち出し、大阪府、大阪市、関西経済連合会、大阪商工会議所をはじめ、日本医師会や大阪府医師会の承認を取り付け、いよいよ募金活動に入った。そしてアメリカ心臓病学会から歴代の会長であるリチャード・コンティ氏、ウイリアム・ウィンタース氏、そして事務総長のウイリアム・ネリガン氏を招いて記念講演を行うと共に、当時の大阪府知事・岸昌氏を訪ねた。

一九七一年にアメリカ心臓病学会の本部である「ハート・ハウス」の柿落としのセミナーに出席したことが契機となって、日本にも是非このような素晴らしい医学教育センターを作りたいと思い、「アジア・ハート・ハウス」構想を提唱したのである。日本は当時、バブル景気の真っ最中にあり、そして関西国際空港の開港を目指して産官学あげて国際化への熱い思いが広がっていた。

わたしは各製薬企業をはじめ、一般経済界の各団体を訪問し募金を依頼した。どこの企業も最初の訪問では賛成の意思を表したかに見えたが、二度目の訪問では、本論賛成、各論反対の態度を見せ、募金も思うようには進まなかった。それでも二、三の大企業から多額の浄財を寄付して頂いたことが、どれほどわたしの心の支えになったことであろう。何度も大蔵省や厚生省を訪れ、アジア・ハート・ハウス設置の必要性を提言したが、殆ど進展は見られなかった。中には「ハート・ハウスはどうなった？」

とわたしに対する中傷じみた言葉を直接、間接に耳にする日が続き、思うように事が運ばず切歯扼腕の日々が続いていた。その頃、大阪府国際交流監であった大藤芳則氏が関西国際空港建設に当たって活躍したことや、大藤氏との交流をわたしは「スピリット」という題名で集英社から出版した。これが第十の「チャレンジ」である(文献9)

(ハーヴェイ君)を超える

わたしは、かつて一九七一年、「ハート・ハウス」での柿落しのセミナーで聞いたハーヴェイ教授の心音・心雑音の口真似を、いつの間にか独特の形で会得していた。感度の良いマイクの上に左手をかぶせるように握って、その上から右手の人差し指と、中指で掌の上を強くそして弱く叩くと、見事にマイクを通して心音の〝ダッ、タッ〟という音が作り出せる。また、二音の分裂も見事に作り出せる。このような僅かな工夫を、わたしは講演に取り入れていった。

ある講演会では、聴診のリズムをつかむために、南部の黒人の間で有名な曲、『聖者の行進』を聞かせたり、F・グローフェの作曲した組曲、『大渓谷』(グランド・キャニオン)、「山道をゆく」の中で、ロバの歩くヒヅメの音に見立てた四拍子のリズムとダブらせて、四音・一音・二音・三音が連続して聴こえる、四部調律の心音を聞かせたりした。参加したドクターの中にはわたしがジャズ・マニアだろうと思っていた人もかなりいた。

ある時、東京工業大学の研究室で、わたしは清水先生に言った。

「もし出来る事なら、今までの技術を総動員して（ハーヴェイ君）を超えられるようなものを、作ってみましょうか」

「それはいい考えですね」

と清水先生。

「心音や心雑音、それに頸静脈波、全身の動脈拍数や心尖拍動などは、高階さんが担当してください。わたしは先に作った電空装置を使って、ハーヴェイ君よりは、コンパクトで軽量化したものを作ってみましょう」と、清水先生は自信ありげに言った。

清水先生は、毎年行われる全国学生のロボット・コンテストでは、眼鏡を掛け、少しウエーブがかった頭髪に顎鬚を生やした、細面の顔つきのレフリーとして、NHKの総合テレビで既に有名であった。

「それには、わたしが以前から知っている京都科学と共同で開発するのがいいでしょうね。京都科学という会社は、一八九一年に、初めて人体模型の製造を始めました。その後、『科学教育』の必要性から、理化学機器の製造を開始した島津製作所の『標本部』が、その発祥として事業を継承し、戦後、『京都科学標本』として独立し、教育と文化、福祉に貢献している会社です。ですから人体模型の製作では、約百年の歴史がある日本では老舗ですよ」とわたし。

「では一度、京都科学の方に、連絡を取っていただけますか？」

「わたしから、教育機器部担当部長（当時）の片山英伸（本名：『保』）さんに連絡してみましょう」

　といった話の後、直ちにわたしは京都科学に電話した。その数日後、わたしは片山部長、技術主任の鶴岡邦良氏と共に、東京工業大学の清水先生を訪ねたのである。話は早かった。既にわたしと清水先生の間には脈波発生装置が完成していた。清水先生はわたし達の申し出を承諾し、片山部長も共同製作することを約束した。

　一方、片山部長の片腕として一緒に仕事を共にしてきた鶴岡氏は、やや小柄な体格ではあるが、色白でがっしりした体格である。髪の毛はいつも短く刈り、スポーツシャツで、気軽に何処へでも出掛ける男である。酒のほうも結構強く誰に対しても笑顔で接しているが、時に仕事上のミスに対して若い技術者たちを叱る言葉には、京都弁の持つ優しさの域を超えた鋭さと自信の程を感じさせた。

まず、清水先生はわたしたちが共同作業をする前に、「一度、(ハーヴェイ君)を見ておきたい」と話した。早速、わたしは赤坂見附の砂防会館五階にある「ライフ・プランニング・センター」に連絡を取り、そこに設置されている(ハーヴェイ君)を、清水先生と共にある日の午後、視察に出掛けた。理事長は言うまでもなく日野原重明(故人)先生である。

頸静脈波や全身動脈波、そして心尖拍動を再現させるには、マネキンの表皮と血管に見立てた管腔が、コンピュータの出力指令通りに、一分間に六〇回は膨張、収縮を繰り返さなければならない。わたしは記録された身体所見がどう再現されるのか、その都度、京都科学に赴いた。技術主任の鶴岡氏とわたしは、何度も静脈波や動脈の触れを確かめた。

長年、模型を扱ってきた鶴岡氏にしてみれば、今回のようにコンピュータ制御によるシミュレータ開発の仕事は、何もかもが初めての挑戦だったのである。わたしのオーケーが出なければ製品にはならない。鶴岡氏は、今まで彼が身につけたあらゆる知識と技術を注ぎ込み、シミュレータ開発に、わたしと変わらない情熱を技術職人として注ぎ込んだ。

彼の努力と片山部長の理解がなければ、シミュレータの開発は、どこかで頓挫していたかもしれない。ある時、わたしが、鶴岡氏に

「鶴岡さん、この皮膚じゃ硬すぎて人間の感触にはならないよ」

「そうですか。もうちょっと、塩ビの具合を変えてみますわ」

「是非、そうしてくれる？」

「分かりました」

と返事はしたが、それは全身の皮膚を変えることになる。彼は内心「エライ仕事に、首を突っ込んでしもたな」と思っていたに違いない。しかし、黙ってわたしの言ったように塩化ビニールの配合と、硬化させる前の温度を変えていった。その甲斐あって、どうやら満足すべき皮膚が出来上がったのである。ある日、鶴岡氏からわたしに電話があった。

「先生、今度は、大分ええと思うのですけど、一度、見に来て頂けませんか」と、いつもの柔らかな口調。

「わかった。来週の木曜日に見に行きましょう」

こうして、わたしは鶴岡氏の作った新しいマネキンの表皮を、触ったのであるが、厚みが約三ミリの塩化ビニールは、少しでも厚い部分があると、指先には硬く感じる。わたしが触診している間、鶴岡氏はじっとわたしの顔色を見ていた。触診での難点があれば、彼は何回でも表皮の裏側から、動脈拍動の触れる頸部、肘の正中部、手首や股動脈の全ての部位を丹念に調べ、自分の脈拍と同じように触れるまで、少しずつ内側から削っていった。そして何回も失敗を重ねた甲斐があって、遂に動脈拍動は人体のそれと変わらぬくらいになった。この地道な手作業によって、各心疾患に伴い変動する脈拍の微妙な変動が再現されたのである。

「鶴岡さん、これなら良いよ。オーケーだ」

「先生に、また〝アカン〟言われるかと思うてました」

と、彼は流石に嬉しそうだった。鶴岡氏は一つの問題を解決したのだ。

「鶴岡さん、次は、正常の心尖拍動と左室肥大の心尖拍動を、どう作り出すかだね」

鶴岡氏は、左胸部の下方に二つの空気圧によって、上下に運動するポンプを作った。一番気を遣ったのは、その空気ポンプのシリンダーの尖端にある心尖拍動を作り出す部分が、十円銅貨大のものから、左心室が拡張した時に、左下方に移行し大きくなるため、その微妙な動きを、再現しなければならなかった。

「片山さん、大したものですよ。段々感度が上がってきましたね」

「こんな小さな音を先生方は毎日聴いて診察しておられるのですね」

「今までは聴診にもかなりの時間を掛けて学生達に教えていたのですが、最近では聴診を教える指導医がいなくなったというのが、現実なのです」

「では、患者さんを診察するのにどうされるのですか？」

「最近では、心エコー図が臨床で画像診断の花形になってしまって、本来、患者さんを診察した後で心エコー図を撮るという順序が逆転しているドクターがいます」

「それは、本末転倒ですね」

「ですから、わたしが三十数年も前からベッドサイドでの診察が如何に大切かということを、口を酸っぱくして話しているのです。この新しい心臓病患者シミュレータが出来ると、患者さんのかわりになって、医学生達に自学自習の機会を与えることになると思うのです」

「先生の教育者としての姿勢とエネルギーには、我々も圧倒されました。本当にいい勉強になりました」

心臓病患者シミュレータ（イチロー君）誕生

一方、清水先生も東京から何回も京都に足を運んだ。彼が作った電空装置を軽量小型化し、そして特殊なコンプレッサーを作らなければ、脈波を発生させることができない。鶴岡氏をはじめ教育機器部の主要なメンバー達は、清水先生の指導を受けていた。

「こんな格好じゃコンプレッサーが大きすぎて、ボックスに収まらないじゃないか！もっとコンパクトなものはできないのかね」

そのうち、清水先生が期待した通りのコンプレッサーができ上がった。「やれば、出来るジャン」と、清水先生が軽口を叩く。

こうして漸く脈波発生装置はコンパクトなものとなり、D／Aボード（アナログ信号をデジタル信号に変える装置）と直結された。わたしの既に聴診シミュレータで使った技術と清水先生の開発した電空装置の技術が加わり、片山部長を中心に京都科学のチームの協力も得られて、ついに〝ハーヴェイ〟を凌ぐシミュレータが出来上がりつつあった。一九九三年秋のことである。

「片山さん、このシミュレータに、何て名前を付けましょうか？」

「そうですね。先生は何と付けはりますか？」と片山部長。

「日本で初めて出来たシミュレータだから（イチロー君）とでもしましょうか？」

「宜しいですね。覚えやすうて」と片山部長。

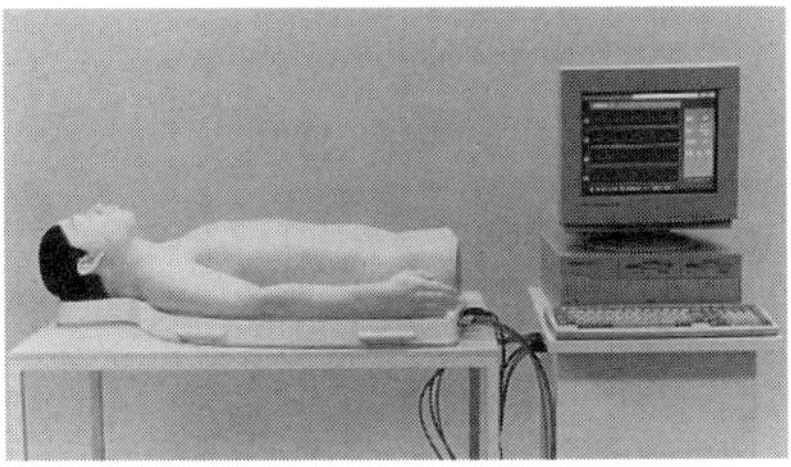
心臓病患者シミュレータ（イチロー君）

しかし、彼等はまさかその翌年にプロ野球界の天才的プレーヤーの鈴木一朗氏が、「ＩＣＨＩＲＯ」という名前で活躍を始めるとは夢にも思っていなかったのである。

このシミュレータが、広く臨床医学教育に使われるためには慎重を期さなければならない。片山部長とわたしは幾度となく点検を行い、微調整を繰り返していった。一九九四年一二月中頃にＮＨＫ大阪支局の森島繁見記者が取材のため京都科学を訪れた。森島氏とカメラマンは、初めて見る心臓病患者シミュレータに驚いたようである。そして一九九五年一月一一日のＮＨＫの全国放送で、そのニュースが放映された。

これを見た何人かの患者さんが翌日、診察室でわたしに、

「先生、凄いものを作られたのですね」と感嘆の声を挙げた。

この第一号機を使って、医師や、医学生およびナースを対象に研修を行ってみたが、その研修の結果は予想を遥かに超え、短時間の研修によっても、ベッドサイドにおける心臓病患者の診断技術が飛躍的に向上することが分かった。勿論、シミュレータは教育機器であり、これを使って教える講師の知識と経験がその効果を更に高めることは言うまでもない。


これが第十一の「チャレンジ」となった(文献11)。

阪神淡路大震災が阪神大空襲を思い出させた

ところが、一九九五年一月一七日、午前五時四六分。わたし達にとっては永久に忘れることのできない出来事が起こった。それは、つい昨日のことのようでもあり、そして同時に遠い昔見た映画の一場面のようでもある。しかし、それは現実の記憶としてわたしの残りの半生から決して消えることはないだろう。

午前五時三五分、いつものように起床し洋服に着替えて洗面所に入り顔を洗った後、これから髭を剃ろうとした時である。「ゴー」という物凄い地鳴りがした途端にわたしの体が「ガン」と足下から突き上げられたように感じ、体が一瞬浮き上がったようになった。わたしはとっさに何かの大爆発が起こったと思った。それに続いて家全体が上下左右に大きく揺れ始めた。家全体が「バリバリ」と音を立て巨大な目に見えぬ恐ろしい自然の力で揺り動かされ、わたしは洗面所から飛ばされないように、必死になって両手で窓枠と洗面台を握りしめていた。

まるで暴風の海の真っ只中に、突然小舟で投げ出されたような物凄い揺れであった。幸子はその時台所にいてガスをつけたばかりであったが、横揺れが始まった途端ガスの炎が左右に大きく揺れたのが目に入り、とっさに床に横たわりながらも火を消すのが精一杯だった。必死になって体が横揺れで飛ばされないようにするのがやっとのことだった。

そして恐怖の十五秒が過ぎた。辺りは真っ暗な闇。電気、水道、ガス、そして電話などのライフラインの全てが一瞬のうちに止まってしまった。わたしも最初、声を出すことさえできなかったが、暫くして「大丈夫か！」とようやく声を掛けることができた。「大丈夫よ」と暗闇の中から返事が返ってきた。お互いに無事であることを確認してから、真っ暗な家の中をそろそろと這うように歩き、書斎のドアを開けたが、途端に足下に何かがあることに気付いた。重いディクタホーンが部屋の端からドアのところまで飛んできていた。

やっとのことで机の引き出しを手探りで開け、懐中電灯を取り出した。その明かりを頼りに部屋の中を見渡してみたが、暫くは一体何処に何があるのか、何が壊れたのか考える余裕など全くなかった。「とにかく屋外に出なければ危険だ」と思ったが、玄関の靴箱が倒れ出口を塞いでいる。必死になって重い靴箱をやっとのことで起こしたが、見事につぶれている。そしてドアチェーンを外してドアを開けた時、初めからドアは外に開けることができたのだということに気付いた。その時は、完全に思考力を失っていたのである。

まだ外は薄暗く寒い。向かいの家にも隣の家にも人がいる。そしてわたしの目には門の鉄扉が道路の方に大きく開きっぱなしになっている有様が飛び込んできた。道路側のブロック塀に亀裂が走り、飾りの鉄柵が真ん中で折れて、塀が大きく道路の方に倒れかかっていた。それよりも驚いたことは、道路を隔てた右側の家の塀が道路側に倒れ、家屋が全壊しているではないか！

それと同時に物凄い「シュー」という連続音と、ガス特有の異臭が鼻を突いた。とっさに「ガス漏れだ！」とわたしは叫んでいた。だが、その時わたしは不思議にも恐怖を感じていない。むしろ自分の家がつぶされているのではないかという不安が真っ先に頭をよぎった。開きっぱなしになっている門を出て驚いたのは、道路が波打ち、下水のマンホールが地面より二〇センチぐらい高くなり、その上に大きく裂けたアスファルトが五〇センチほど道路の幅一杯に重なり合っていた。何ということだろう！その波打った道路を歩きながら、家の損傷の具合はどうかと見てまわった。どうやら一見したところ、家自体は傾いたり亀裂が入ったりしていないことが分かった。辺りがようやく明るくなった時、遠くからヘリコプターのブルブルという爆音が響いてきた。腕時計を見ると午前六時一五分。

その時わたしは、何よりもガス漏れの場所が何処かを突き止めることが先だと思った。家の角を曲がって四三号線の方へ歩いていくと、だんだん「シュー」という音が大きくなってきた。二筋目の角まで来て、初めてその通りの中央部分にあるガス管が裂けてガスが吹き出しているが、どうすることもできない。

「きっと誰かがガス漏れを知らせていることだろう」と頭の中では考えていた。その時ガス漏れを起こしている場所を中心にして四方の各辻にある電信柱の間にビニールテープが張られ、その上に「火気厳禁」と有り合わせの紙に書かれた文字が目に付いた。なんと冷静で素早い行動だろう。

道を歩いている人が口々に「ここはまだいいほうだ。四三号線がえらいことになっている」と話している。わたしは急いで四三号線を見た。そして目を疑った。紛れもなく四三号線の上に架かっていたはずの阪神高速線の架橋が山側に崩れ落ち、その架橋を支えていたはずの鉄筋コンクリートの柱が根本から折れ曲がっているのだ。思わず背筋がゾーッと寒くなる。

足早に家に帰り、家内にそのことを告げた。しかし、まだその時点では、その後のラジオのニュースが刻々と知らせる淡路島北淡町を震源地としてマグニチュード七・二の地震のため、神戸市をはじめ阪神間の各都市が大被害を被ったという事実を知らせていたが、実感は湧いてこなかった。

家から電話を掛けようとしたが、何処にも通じない。やっとのことで近くにある公衆電話からクリニック師長の後内さんのところに電話がつながり、「我々は大丈夫です。今日はクリニックには行けないので宜しく」との連絡がとれたのが、午前七時二〇分であった。

　やがて飛来したヘリコプターの絶え間ない爆音、救急車のサイレン、絶えず体に感じる震度三の余震の繰り返しで、半日は呆然としている内に過ぎていった。そして午後一時三〇分に家の電話が鳴ったが、その時ようやくガス漏れの音と異臭が消えているのに気付いた。

「もしもし、お父様！　大丈夫？　經啓です。」と電話の向こうで叫んでいる。

「えらいことになった。塀が倒れかけている。我々は無事だ」

「そんなの軽い、軽い、よかった！」

　と次男が思わず涙声で話している。東京では刻々と伝わるテレビのニュースに長男・次男夫婦は最悪の事態を想定していたという。特に次男はわたしがその前日の朝、次男夫婦の間に生まれたばかりの長女を見に行ったばかりであったから、わたしが別れに来たのだと思ったのに違いない。本当にやりきれない気持ちだったことだろう。

　数日前から風邪のため幸子は三九度の高熱が続き、その日も余震が続く中ほとんど一日中布団の中で過ごしていた。かろうじて何かを口にして、ようやく気が付いた時、辺りは既に暗くなっていた。西の空は真っ赤に燃えてちょうど五十年前の阪神大空襲の時と全く同じである。「なんという光景なのだろう。わたしは一生に二度もこの光景を見ている」。ふとその時の悪夢が脳裏に蘇った。

一月一八日正午過ぎ、風邪の具合も少し良くなった幸子と共に、国道四三号線から芦屋川の左岸を歩き、全国から救援に集まった機動隊や警察の車の間を縫いながら、国道二号線に沿ってわたし達が目にしたものは、正に筆舌に尽くしがたい。まるで映画のセットに出てくるシーンのように全壊した家々やマンション、そして押しつぶされた高層ビルの数々の惨状である。

こうして六四三三の方々が尊い命を亡くしてしまったのに、わたし達は生きている。幸せだ。身のまわりのものがあればわたし達は何もいらない。これからは生まれ変わったつもりで医療を通じ人々のために尽くしていこう、とわたしは秘かに心に誓った。

そして前日からの出来事を振り返りながら、わたしは人生の価値観をすっかり変えてしまった十五秒間の現実を反芻している自分の中で、新しいエネルギーが湧いてくるのを感じていた。

更に、阪神淡路大震災の直後、「オウム真理教」の事件が起こった。この事件は、わたし達が今までに経験したことのない、弱者を引きずり込む強引な宗教集団の存在を伝え、暴走したカルト集団の恐ろしさが、人々を精神的ショックのどん底に陥れた。この全く予期していなかった二つの事件が、当時、わが国における最大の関心事となったことは言うまでもない。

こうした予期せぬ大震災とオウム真理教のニュースのために、わたし達が長年掛かって創り上げた（イチロー君）のニュースはフッ飛んでしまった。

華の道へ旅立った母

一九九六年一月四日、母・浜尾は地震直後の五月に左口腔内肉腫のため大阪逓信病院耳鼻科で手術を受けたが、見舞いに行くたびに「あんなに怖い思いをしたことがない」と八階の兄の大黒橋ビルが大揺れに揺れた時の地震の恐ろしさを話していたが、それがきっかけとなり口腔内肉腫が発生したのに違いない。九月には一応、大阪逓信病院から退院したが病院での生活が本当に嫌だったのだろう。「もう二度と病院には戻りたくない」と繰り返し話していた。

姉の好子や、兄の經昭、家内の幸子などが殆ど交代で母の家に泊まり、わたしも週に一度は泊まって母の左頬に出来てしまった潰瘍孔のガーゼ交換や、下着の交換、そしてトイレ、時間ごとに鎮痛剤坐薬を入れるなど、身をもって「在宅終末医療」の難しさを体験した。それでもわたしは翌日の診察には、明るく患者さんに接し、一言も母のことについて話さなかった。

段々に体力の低下していく自分の身に死期の近いことを悟った母が亡くなる二日前に「本当に貴方達には世話になった。有り難う」と繰り返し礼を言った言葉が今でも耳に残っている。

父が脳溢血で倒れてから、戦争中のあの厳しい時代を生き抜き、半身不随になった父を助けて診療の片腕となって働き、戦争中、焼夷弾の炸裂で全身に大火傷を負った人々のために、自分の浴衣を全て切り包帯として使っていた母、食糧難で殆ど収入のない毎日の生活の中でも、明るく振る舞い、わたし達に心配させないように懸命に働いていた母の姿が今も目に浮かぶ。今日までわたし達を育ててくれた『母』は偉大な母であり、そして『華道』に励んだ『女の一生』であったとわたしは信じている。

わたしが前日に泊まり、母の看病をして家に帰った直後に、兄から電話があり、

「下顎呼吸が始まった」との知らせを聞いて、急いで大阪の母の元へとって返したが、既に母は父のいる天国へ旅立ち帰らぬ人となっていた。そして母は九十四歳の生涯を閉じた。苦しみから解き放たれ、安らかな表情の母の顔を見てわたしは泣いた。男泣きに泣いた。子供の頃からわたし達四人の子供達を立派に育ててくれた母、そして小原流の家元となり一生懸命に弟子の方々の面倒を見ていた偉大な母、その母も今は父の元へ旅立ったことだろう。「どうかお父様と一緒に天国からわたし達や、家族を見守ってください。さようなら、お母様」。そして、母のため別れの短歌を詠んだ。

『初春に　華の道へと　旅立ちぬ　母を包みし　白き菊の香』

一九九六年三月、フロリダ州オーランド市。例年のようにアメリカ心臓病学会の学術年次総会が開催され、マイアミ大学のマイケル・S・ゴードン教授が、彼の長年の教育活動に対して心臓病学会から、彼の恩師のハーヴェイ教授と並んで栄誉賞を受けた。その学会の席上、わたしは友人のアリゾナ大学医学部のゴードン・A・エーヴィ教授に会った。

「ゴードン、今度開発した新しい心臓病シミュレータの論文を見てくれるかい？」

といった後、早速、彼は一晩で論文に目を通してくれた。翌日、彼は言った。

「ケイ、君が聴診シミュレータの開発から、徐々に努力を積み重ねた結果がよく分かった。内容も面白いし、是非〝CARDIOLOGY〟に投稿してみたらどうだろう」

こうして、日本に帰るとすぐに論文の最終チェックを行い、そして論文原稿を「カーディオロジー（CARDIOLOGY）」へ投稿した。やがて論文が無事に受理された通知を受け取った。


一九九六年六月、京都。先斗町、鴨川の上に張り出して作られた川床の上を、初夏の風が過ぎていく。わたしと清水先生、片山部長の三名が共同で開発してきた（イチロー君）の製作に至る全ての過程と、この（イチロー君）を使って医師、ナースや医学生に対して行ってきた臨床診断手技の向上に関する結果をまとめた投稿論文が、ヨーロッパの国際的専門誌「カーディオロジー」（CARDIOLOGY）に発表されることになったのである。**これが第十二の「チャレンジ」である**（文献11）。

わたしをはじめ清水先生、片山部長に技術主任の鶴岡氏が加わった。その論文受理を祝ってのパーティで、

「髙階先生、おめでとうございます」と片山部長が挨拶した。

「いや、清水先生のご指導と片山さんのご協力の賜ですよ」とわたし。

「兎も角、まず乾杯といきましょう」と片山部長が音頭をとった。ビールが全員のグラスに注がれ、四人は一斉にグラスを挙げた。

「乾杯！」地の利、人の和、天の時とは、正にこのことだろう。

「今日の、ビールの味は、格別ですな」と片山部長。

「髙階先生の情熱にわたしも巻き込まれて、遂に（イチロー君）を完成させることができたのです」と清水先生がここ数年、開発の過程で起こった様々な出来事を思い出しながらそう言った。

「この仕事は誰にでもできる仕事ではありません。教育者として先生が、心臓病患者の身体所見の診かたを、如何にすれば後輩たちに正確に再現できるかという情熱と信念の結果、我々がご協力して出来上がったのでしょうね」と片山部長。この時ほど、ビールが美味いと思ったことはなかった。これから一番の仕事は何といっても（イチロー君）のデビューを、如何にアメリカ、いや世界の医師に知らせるかということであった。（＊二〇〇七年、鶴岡氏は長年の苦労が認められ、日本で最高の「日本の名

工」の一人として認められた）

（イチロー君）を開発した当初は、片山部長もわたしが言うように果たしてこの心臓病患者シミュレータが全国の医学教育、医療機関で受け入れられるだろうか、という不安があった。ここ数年を振り返ってみると、時には「工学部出身でもない髙階さんがシミュレータなど作れるわけがない。余計なことをしなくてもいいのに」と、やっかみ半分に言った人の言葉が耳に入り、自分のやっていることに嫌気が差して「全てのプロジェクトを中止してしまおうか」と思ったこともある。また「果たして、わたしがこのシミュレータを作り上げてみても、日本の医学界に受け入れられるだろうか？」という危惧もあったが「しかし、遣りかけた仕事だ。止めるわけにいかない」と自らを励まし続けた。

「髙階先生、さあ果たして年間に何台、医療機関に出ますでしょうかネー？」と片山部長がある時、不安げにポツリと言った。

「片山さん、現在の臨床医学教育において、一番何が欠けているのかを知っているのは、わたし一人ではありません。しかし、他のドクター達は口では何とでも言いますが、自ら実行してこういったシミュレータを作り上げようとはしません」とわたし。

「わたしも、今までにいろんな先生から『こういった教育機器を作れば必ず売れるよ』と言われながら、実際に作ってみたら、その先生だけが必要なもので、他の人には全く必要なかった例をいくつも知っていますから」と片山部長は顧て言った。それが実感だった。

「問題はプロジェクトのリーダーが、自ら先頭に立って推し進めなければ周りが動いてくれません」と、わたしは片山部長を真剣に見詰めて言った。片山部長は次第にわたしの情熱に心を動かされていった。

「片山さん、来年のアメリカ心臓病学会の年次学術総会に展示をされたら如何ですか?」

と話を持ちかけた。片山部長にとってもこれは一つの冒険だったのかもしれなかったが、とりあえず、アメリカ心臓病学会の本部に連絡を取り、その結果、一九九七年三月、アナハイム市で開催される年次学術総会に展示されることが決まった。

しかし、何といってもアメリカ心臓病学会で(イチロー君)を展示することは、マイアミ大学のゴードン教授が毎年(ハーヴェイ君)を展示しているお膝元である。わたしはまずゴードン教授に手紙を書いた。

「親愛なるマイク。今日は君に知らせたいことが二つある。一つは、君の研究室から一九八九年に導入した（ハーヴェイ君）は、今も元気にしているよ。ただ君も承知の通り（ハーヴェイ君）は大きくて重いため、研修が必要であっても研修が必要な場所へ簡単に持っていくわけにはいかない。現在は大阪医科大学に設置して学生の教育のために使っている。

もう一つは、今度、我々が独自に開発した新しい心臓病患者シミュレータで、名前は「シミュレータ〝K〟」という。わたしのニックネームを付けたが、これはマイク等が開発したものとは全く異なったシステムの、エアプレッシャーによって作られたものだ。心音・心雑音は全てわたしが四チャンネルテープ・レコーダーで記録したものをコンピュータに入力し、これをマネキンのスピーカーを通してプレイバックする方法をとった。今度の学会に展示するから、是非、時間があったら京都科学が展示しているブースに、来てくれると有り難いのだが」

マイクからは、すぐに返事は来なかった。暫くしてから、一応儀礼的にわたしに「君の新しいシミュレータ開発おめでとう。時間があったら、ぜひ見に行くよ」という返事をよこした。

（イチロー君）アメリカ心臓病学会でデビュー

一九九七年三月、カリフォルニア州アナハイム市。前日まで降っていた雨も止み見事に晴れ上がった青空の見えるアナハイム。ヒルトン・ホテルから会議場へは、ほんの歩いて数分の近さである。

わたしは妻と共に前日の夕方にアナハイムに着いたが、二日前既にアナハイム入りしていた京都科学の若い技術者の山内浩之君と片山部長は荷物の梱包を解き、心配していた（イチロー君）の機械調整も全て順調に終わったとわたしに報告した。

いよいよ明朝から、ここで始まるアメリカ心臓病学会（American College of Cardiology＝ＡＣＣ）の年次学術総会の展示に向けて、全世界から約一〇〇〇社を超える医療機器メーカーや製薬メーカーが集う。アメリカをはじめ世界各国からこの学会に参加する心臓病専門医や内科医の総数は、二万名を超えるマンモス学会である。この学会にはアメリカ心臓協会「American Heart Association：ＡＨＡ」のメンバーと共に世界の心臓病医達が参加するが、アメリカ心臓協会がむしろ基礎的研究などの発表論文が多いのに比べ、アメリカ心臓病学会は、より臨床的なテーマやトピックスを取り上げているのが特徴的である。わたしは二つの学会のフェローとして、日本のみならずアジア近隣諸国の人々にも臨床心臓病学を教えることが、今後の社団法人の仕事であると思っていた。

三月一八日午前八時三〇分より学会が始まった。アメリカ海兵隊軍楽隊が奏でるアメリカ国歌の演奏に合わせて、海兵隊の三人の旗手が星条旗を持って三千名を収容できる大ホールに入場してくる。続いて今年度のプレジデントが演壇に立つ。この年のプレジデントはハーバード大学教授でマサチューセッツ総合病院の内科部長である、ドクター・アドルフ・ハッター・ジュニアである。彼が今年度の開会を宣言した後、評議員全員が演壇に並び、今年の本学会の成功を祈って、牧師であり本学会の元会長のドクター・W・パームリーが祈りを捧げて、無事に学会の幕が切って落とされた。日本からも大勢の参加者があり、それぞれの分科会に分かれて発表が行われているのだ。午前九時ちょうど展示会場のオープニングと殆ど同時に多くのドクターがジャンボ機の格納庫を四つ組み合わせたような巨大な展示会場に次々に姿を現した。この学会の規模は世界でも屈指の大きな学会である。

わたしがプレジデントのスピーチの後、京都科学の展示ブースに行ってみると、緊張した面もちの山内君が立っていたが、既に数名のドクターが珍しげに（イチロー君）

を囲んでいる。

「わたしがこの新しい心臓病患者シミュレータの開発者の一人です」と話し出すと、一斉にドクター達の表情が変わった。

「これは（ハーヴェイ君）と、どこがどう違うのか？」

とあるドクターが質問してくる。もちろん、彼も（ハーヴェイ君）を見たことがあるのだろう。

「このシミュレータの値段はどれくらいか？」

「どういうふうにして作ったのか？」

「脈が触れるが、これは脈管内に液体が入っているのか？」

「心肺蘇生術はできますか？」

「いや、心肺蘇生術はできません。これは心臓病患者シミュレータですから」

など、次々に意外な質問も飛び出した。

その殆ど全てに必要と思われる説明を行っていった。なかには、わたしのネームプレートを見て、「フェロー」であることを知ると、急に丁寧に話し始めるドクターもいた。わたしが意外に思ったのは、第一日目の午前中、アメリカ人のドクターよりもヨーロッパやアジア系のドクターが多かったことである。

この理由は、第一日目には何処の展示会場でも豊富な情報があり、またフリー・ギフトが参加者に配られることのメリットがあることや、経済的な理由で何日も学会に参加することは、彼等にとって大きな負担になっていたからであろう。

その道の達人

昼過ぎ、カフェテリアでコーヒーを飲みながら、ふと思い出したことがある。一か月前、冷たい雨の降る阪神芦屋駅に着いた。文部省の外郭団体である日本理科教育振興協会が数年前に『その道の達人』というプロジェクトを立ち上げた。そしてわたしは「関西にある中学校で生徒に講義をして欲しい」という依頼を受けた。学校の普段の授業では聞かれないような『その道の達人』が語る言葉や、学校では経験することの出来ない理科の実験などによって、子供たちの夢を大きく育てていこうという発想からスタートしたプロジェクトである。わたしは理科の専門家ではなく、全国で唯一人の『心臓病の達人』という大層な呼び名まで頂戴してしまった。面映い次第だ。

私が派遣された中学校は「兵庫県立芦屋国際教育中等学校」。学校の名前から「おそらく国際的な教育を行っているところだろう」と想像はしていたが、インターネットで調べてみると、わたしが想像していた通り、帰国子女や滞日外国人の方々の子供たちが通っている中学校であることが分かった。

清水優史教授は『その道の達人』のレギュラー・メンバーとして、全国で高校や中学校でも講義した経験があった。また心臓病患者シミュレータ（イチロー君）の共同研究及び監修を行った仲間である。わたしは清水教授に連絡をとった。清水教授からのメールには「中学生は素直で熱心で可愛いですよ。心臓のことについてはあまり知りませんから、心臓の動く画像や心音などを聴かせるのも良いと思いますね」との助言を頂いた。そして、芦屋国際教育中等学校の担当の先生から「先生が中学生の時にはどんな勉強をしたか」「医師になるためにはどんなことを心掛けなければならないか」といったことについて、話して欲しいとの要望があった。

阪神電車の芦屋駅から電話をしておいたのだが、校門に着いた時、出迎えに出た人がいないので、二階にある職員室へ入っていった。私が「今日の講義のために参りました高階でございます」と挨拶すると、職員室の大半の方々が驚いたように立ち上がり私に頭を下げた。部屋の向こうの方から担当の先生が現れたが、緊張していたのか、落ち着きがない。恐らく「心臓病の達人」とはどんな人物が現れるのかと、期待半分・不安半分の気持ちだったのだろう。校長室に案内してくれたが、部屋には国連事務総長の部屋のように現在、在学中の外国人生徒の国旗がずらりと並んでいた。

講義に先立ち、校長先生が私を生徒たちに紹介した。私が想像していたとおり、講堂に集まった生徒を見渡すと、三分の一は外国人（当たり前の話だが、髪の毛を染めてはいない）、次の三分の一が帰国子女、そして残り三分の一（このグループも髪の毛を染めているものは一人もいない）が、日本人の子供達だった。それに気付いたことは、胸に洒落た学校のロゴが入ったブルーの制服を着た生徒たちの顔の表情が実に爽やかで良い。そこで私はまず『アメリカと日本との医学部進学資格はどう違うか』という話から始めることにした。

アメリカの医師会の理念は「全ての職業は社会に対するサービスである。医師もまたその職業の一つである」というものです。医師になろうと心掛ける人は、まず立派な社会人であることが前提です。私がアメリカのチュレーン大学に留学して二年目の一九五九年の夏のことでした。立派な体格のドクターが現れ、私に向かって「ドクター・タカシナ。私はチャーリー。チャーリー・ブラウンです」と自己紹介したのです。「チャーリー・ブラウンって何処かで聞いたことがある名前だ……」「そうだ、あのスヌーピーの漫画の主人公だ」だと気がつきました。彼はスヌーピーの漫画に出てくるキャラクターとは大違いのハンサムな青年でした。それに私が更に驚いたのは、ドクターは勿論、ナースをはじめ黒人病棟の患者さんも皆彼のことを知っているらしく、「君は今度チャーリーと組むンだってね」。知らないのは外国人である私一人だけです。不思議に思って友人のドクター・ラザラに聞いたところ、

「チャーリーって何者だい？」

「アレ？　知らなかったの？　彼はチュレーン大学医学部に進学する前は、ニューヨーク・ヤンキースの名三塁手だったンだよ」

と返事が返ってきた。彼は嘗て大リーグで名を馳せた有名選手だったのです。

……生徒達は熱心に私の話しに耳を傾け、目は好奇心で輝いていた。

チャーリーは、私にチュレーン大学へ入学して四年間の学費を自分で稼ぐため、大リーグの野球選手として一生懸命に活躍した。その結果、貯金が充分に出来たので、ニューヨーク・ヤンキースを後にしたことを話した。アメリカでは医学部へ進学する前に四年制の大学を卒業していなければ、受験資格がない。文科系であろうと理科系であろうと関係はない。そしてチュレーン大学では受験志望者に五日間の体験入学をさせる。数名の医学部学生がモニター役として入学志望者と共に授業を受け、実習に参加させて五日間を過ごす。その間に医学生達は彼の人柄や医師としての資質や、性格、勉強に対する意欲などについて仔細に観察し、彼らの意見を入学試験担当教授に報告するのである。もし、医学生達の評価が悪ければ、決して志願者が入学する事はない。日本でも他の大学を卒業してから医学部に再入学する人が増えてきたと話したが、ふと気付いたことは、生徒達よりも講堂の後ろにズラリと先生が熱心にわたしの話しに耳を傾けていたことである。そこでわたしは話題を変えた。

ある日、わたしは久し振りに電車の中で懐かしい本を開きました。題名は『緋色の研究』。言わずと知れたシャーロック・ホームズ探偵とワトソン博士が独身時代に初めて出会い、共同生活をはじめた時の話です。

「初学者はまず、初歩の問題から習熟すべきである。まず他人に会えば一見して、その人の経歴や職業が分かるようになるよう習練を積むことだ。かかる修練は、ばかばかしく見えるかも知れないが、これによって観察力を鋭敏にし、またどこに眼を注ぎ、何物を探り当てるべきかを教えてくれる。指の爪、服の袖、靴、ズボンの膝頭、指の胼胝、顔の表情、カフス、これらのもののいずれ一つをとっても、それぞれの人物の職業を明らかにしてくれる。これらのもの全てを統合すれば、必ず何らか啓発されるものであることを筆者はかたく信じて疑わない」

「なんという戯言だ！」とワトソンがその雑誌でテーブルを叩いて叫んだ。

「こんな下らない記事を読んだことがない！」（中略）「その記事は僕が書いたんだよ」とホームズ。

「君が？」とワトソンが驚いた様子で聞き返しました。

私が臨床医はシャーロック・ホームズ探偵のような推理と観察眼を持っていつも患者さんを視ているのだということを話した時、前列に座っていた外国人の生徒から「先生、ドクターは探偵の訓練を受けるのですか?」と訊かれ、思わず返答に困ったが、すぐに「探偵と同じような心構えと修練が必要なのです」と答えた。そして生徒達に向かって話し出した。

「皆さん、左手で握りこぶしを作って自分の胸の中央においてご覧なさい」

……一斉に生徒たちは私の言ったとおりに胸にこぶしを当てる。

「その場所に心臓があるのです。そして心臓の重さは握りこぶしとほぼ同じなンです」

「そして皆さん心臓の重さは体重の二百分の一なのですよ」

……彼らは黙って頷いている。

「サー、そこで問題。皆さんの血液は何リットルあると思いますか?」

「三リットル位だと思います」とある生徒が答えた。そして別の生徒が

「五リットル位です」と答える。

「そうだね、もし体重が六五キロの人の場合で、血液の量はその人の体重の一三分の一だから、五リットルということになる」

……生徒たちは頷く。

それから私は心臓が自動的に電気的なシグナルを発生し、その刺激で心臓が自動的に収縮、拡張を繰り返して動いているのだという事を話した。そして生徒たちが最も興味を持つと思った心音のEラーニングが、コンピュータが起動しなかったために、色々な心臓病にはこんなふうに心音や心雑音が聴こえるということを、私は口真似「擬似心音法＝cardiophonetics)」で表現し、大動脈弁狭窄の心雑音は「da hAAAta」と聞かせたが、生徒たちには、その口真似が面白かったのか、アチコチで笑い声が聞こえてきた。お陰で話の展開がすっかり楽になった。

一時間三十分、日常よく見られる心疾患について話したが、生徒たちの態度の良さに私は大いに助けられた。日本の殆どの大学での講義には私語が付き物である。このような国際色豊かな学校でも制服に包まれた生徒たちはきっと独特の連帯感に似たものを持っているのだろう。講義が終わるや否や、生徒たちから大きな拍手が沸きおこり、わたしは確かな手ごたえを感じた。

その後、日本理科教育振興協会の事務局から「先生の講義は大変よく生徒たちに受け入れられました。来年も是非『達人』として、高校生や中学生のために講義を続けていただきたい」との依頼があった。二か月後、件の担任の先生からわたしの講義に出席した生徒全員の感想文をコピーし、送ってこられた。それぞれの素晴らしい感想文を読み、わたしは感銘を受けたが、中でも数名の生徒が、

「わたしは先生のコンピュータが起動しなくなったとき、自分だったらどうしようかと慌て、パニックに陥ってしまったに違いない。あの時、髙階先生が平然と『人生には予期せぬ出来事が何時起こってくるか分かりません。どんな時でもそれに対処する余裕を持たなければなりません』と言われた言葉に、お医者さんという職業はどんなことがあっても冷静に物事を判断し、即座に対応することが出来る人なのだと思って深い感銘を受け、髙階先生を尊敬しました」

と書いていた。この文章を読んで、わたしの講義内容だけではなく、何気ない素振りで対処したわたしの態度を生徒たちは的確に捉え、そして率直な感想を述べてくれたことに大きな喜びを覚えた。そして大人が子供達にどんな些細なことでも、何が社

会人として大切かを伝えていかなければならないかを痛感した。そしてこれが私の「心臓病の達人」初体験となった次第だ。

ブラウン教授が（イチロー君）を診察

カフェテリアから展示場に戻ると、ドクター達がブースを訪れるようになった。その半数のドクター達が、直接あるいは間接的に（ハーヴェイ君）の存在を知っていた。おそらくゴードン教授等が一九七〇年に（ハーヴェイ君）の教育効果について、多くの医学専門誌に彼等の論文を発表してきたからに違いない。わたしが少しの間ブースを離れたとき、大急ぎで山内君がわたしの後を追ってきた。

「髙階先生、アイオワ大学のブラウン教授が、いまブースに来られ『ドクター・タカシナはおられるか？』と聞いておられます」

とのことである。わたしは大急ぎでブースに帰った。すると（イチロー君）の前に、品のいいスリムな紳士が立ち、聴診器をマネキンの胸に当てているところだった。

「わたしはゴードン教授から頼まれ、是非（イチロー君）を見てきて欲しいと言われたものですから、ここに来ました」

と、落ち着いた物腰で答えながら、注意深く（イチロー君）の診察を行っている。

暫くして全く予期せぬ言葉が、ドクター・ブラウンの口から出た。

「この四音は、聴診器をシミュレータの心尖部で、強く押さえると消えるのですね？」

「ええ」

と答えたが、それまでわたしは静かな部屋でしか（イチロー君）の心音を聞いたことがなかったので、一瞬ドクター・ブラウンがいった言葉の意味を理解しなかった。が、すぐにその理由が分かった。このような大展示場には絶えず人のざわめきや騒音がある。それらが低周波ノイズとなって、聴診器をぴったりと（イチロー君）の皮膚につけると四〇ヘルツ前後の低周波の四音を消してしまうのである。

そしてもう一つ、ドクター・ブラウンが驚いたのには、先天性心疾患（生まれつき心臓の構造に欠陥のある病気）の中で「心室中隔欠損」（これは左右心室の間にある壁に孔が開いているため、心臓の収縮期に圧の高い左心室から、圧の低い右心室へ血液が逆流して大きな雑音と同時に胸壁にも振動を起こす先天性疾患）のケースを診たときである。

「手にスリルが触れる」

とドクター・ブラウンが言った。確かにスピーカーから発生する強大な収縮期雑音の「ガハー」という音と共に、胸壁に当てられたドクター・ブラウンの掌にその振動が伝わったのである。

「素晴らしいシミュレータを作られましたね、ドクター・タカシナ。おめでとうございます」

と言って、約一時間診察した後ドクター・ブラウンは、京都科学のブースを後にした。その日わたしが説明し対応したドクターの数は一日で百人を超えた。

その翌日には、友人のアリゾナ大学医学部のエーヴィ教授や元日本循環器学会会長の河合忠一教授（現・京都大学名誉教授）をはじめ第一日目と同様、実に多くの心臓病専門医たちがブースを訪れた。彼等の中には、教育用として是非とも購入したいと申し出るものもあった。三日間の学会開催中にブースを訪れたドクターや医療関係者の数は実に三百人を超えていた。「この現象は日本では考えられないことだ」と、片山部長は繰り返しわたしに話した。

「しかし、日本人の先生方があまりブースには寄られませんね」

「日本人のドクターは一般的に保守的な人が多い上、わざわざ日本のメーカーのブースを見学しなくても、日本循環器学会の展示場でまた見ることができるだろう、と考えているのではないでしょうか？」

とわたしは分析した。

「それもあるかもしれません。ところで今回ゴードン先生が来られなかったのは、やはり（イチロー君）に対する対抗意識が働いたこともあるでしょう。だから友人のアイオワ大学のブラウン教授に頼み、彼の代わりに（イチロー君）を見てもらったのだと思いますよ」

「今回の学会で、こんなに多くの参加者が立ち寄られたのは（イチロー君）の生みの親である高階先生が、直接説明をされたからだと思います」

と片山部長とわたしは三日間を振り返り、そうコメントした。こうして（イチロー君）はＡＣＣ（アメリカ心臓病学会）という国際学会でデビューを果たした。

学会の日程が全て終わった夕方、我々は（イチロー君）がこの学会においてデビューを果たし、世界の医学教育機器として仲間入りをしたことを実感した。翌朝、わたしと家内は片山部長や山内君より早く帰国するため、荷物をまとめて準備を済ませた後、ヒルトン・ホテルから歩いて十分ほどの所にある中華料理店で（イチロー君）がACCでデビューしたことを祝って乾杯をした。

翌朝、まだ薄暗い中にホテルを出発し、リムジンで空港に向かった。カリフォルニアの霧に包まれ、むしろ肌にはヒヤリとした感じさえする空気の中を走り抜けて空港に到着した。そして予定通り午前八時三〇分、UA八〇九便は関西国際空港に向かって飛び立った。

再びニューオーリンズへ

一九九七年八月に、我々の待望の論文「新しい心臓病患者シミュレータ」（A New Cardiology Patient Simulator）が「カーディオロジー」（CARDIOLOGY）に掲載されるや、アメリカをはじめ各国から論文リクエストがわたしの手元に相次いだ。こうして（イチロー君）（英文名：Simulator "K"）が、まず第一歩を踏み出したのである。

既に述べたように、一九九七年三月にアメリカ心臓病学会において、わたしが作り上げた心臓病患者シミュレータ（イチロー君）は、オリックスの「ICHIRO」より、先に学会でデビューしたことになる。しかし、世間の人はオリックスの「ＩＣＨＩＲＯ」の名前にあやかって、わたしが心臓病患者シミュレータに（イチロー君）というニックネームを付けたのではないかと、考えた人も多かったようだ。

「髙階先生、（イチロー君）を大学などで紹介しますと、必ず『オリックスの〝ＩＣＨＩＲＯ〟と関係あるの？』って聞く先生がありますよ」と片山部長。

「片山さん、こっちの方が先だから、オリックスのＩＣＨＩＲＯは『二郎』だって伝えておいてくださいよ」

「それに（イチロー君）はアメリカでも先にデビューしましたからね」

（イチロー君）がアメリカ心臓病学会に展示されたことを、多くの日本のドクターが知っていたことは意外だった。一九九七年のＡＣＣの学会直後に（イチロー君）は日本循環器学会にも展示されたが、循環器専門医の関心は薄かった。最初のうちは（イチロー君）は看護大学をはじめ各大学の保健学科にも、教育資料として導入され始めた。しかし、やがて二〇〇四年の医師国家試験にも、臨床実技試験が行われるということが各大学医学部の関係者の間で噂され始めるや、次第に各大学医学部でも興味の段階ではなく（イチロー君）を使った研修が、素晴らしい教育効果を挙げていることが分かって来たため、これを卒前の臨床教育に取り入れようと国内の各大学医学部から次第に問い合わせや引き合いが相次いだ。

一九九七年九月、アリゾナ州トゥーソン市。まだ熱波の続くアリゾナの夏、トゥーソン空港に降り立ったわたしはエーヴィ教授の出迎えを受けた。空港からハイウェーの両側には、サワロ・サボテンの巨大な並木が続く砂漠の真っ只中に出来た人工的な街。それはここから飛行機で約一時間の距離にある砂漠の真中にできた煌びやかな賭博の街、ラスベガスとは対照的なアリゾナ大学のキャンパスがある学問の街である。

空港まで迎えに来てくれたエーヴィ教授が、「この暑さはエル・ニーニョ現象だな。やあ、ケイ、元気かい？」と言った。今回の目的はアリゾナ大学医学部へ（イチロー君）を導入することになったため、京都科学の片山部長と安西崇君の両氏と共に、わたしも同行したのである。エーヴィ教授は（イチロー君）開発の経過を承知していたし、それに何としても医学部の教育用に（イチロー君）を使ってみたいとの希望があったからである。

片山部長も、快くエーヴィ教授の申し出を受け入れた。我々が到着する数日前にアリゾナ大学医学部「サーバー・心臓病センター」へ到着していた。（イチロー君）を紹

介する記念パーティで、彼は、

「日米の医学教育の架け橋として、また、我々の二一世紀へと続く友情のために、この新しい心臓病患者シミュレータを寄贈します」

と挨拶した。心臓病センターのドクター達も一斉に拍手して片山部長の挨拶に感謝の意を表したのである。片山氏らは二日間に亘り（イチロー君）の機械調整を行ったが、全く問題がない事を確かめ我々はアリゾナ大学を後にした。

片山氏は、その時既に京都科学の部長から専務を経て異例の速さで、社長に昇進していた。彼の長年の教育機器開発に対する苦労が報いられた。


一九九八年春、ニューオーリンズ市。関西国際空港を出発してから十八時間後に、わたし達は、ニューオーリンズのモアゾン空港に降り立った。午後九時。アメリカ南部特有の、ムッとするような、湿った重い空気が空港構内に漂う。空港からタクシーに乗ったが、黒人のドライバーが話しかけてきた。実にはっきりした英語なので少々驚いた。わたし達が四十年前に住んでいたと話したところ、ドライバーは急に親しみを覚えたのか「あなたはドクターですか？」

「ええ、そう。でもどうして分かったの？」

「昨日あたりから、急に、外国人のお客さんが増えましてね。皆さんドクターなのですよ」

「なるほど」

それから彼は、最近は治安が良くなったことや、わたしが勤務していたニューオーリンズ慈善病院も内装が新しくなって見違えるように美しくなったこと、などを誇らしげに話してくれた。

翌朝の三月七日、八時にホテルのロビーで朝食を取ったが、外に出てみると、珍しく天気は曇りで風が強く大変寒い朝である。ホテルからコンベンション・センターまで、歩いて僅か十分の距離だったが、夏服を着ていたわたしは思わず身震いがした。

このコンベンション・センターは、今までアメリカ各地で見てきたものの中で、最大規模ではないだろうか。入り口から広大な展示場が一キロは続き、有名な「ニューオーリンズ・ブリッジ」の手前で終わっている。ミシシッピー河に沿って、八年前に完成したショッピング・モール「リバー・ウオーク」も幾分古びて見える。

正午に、コンベンション・センターの「京都科学」の展示コーナーに行ってみると、

（イチロー君）が再び人気者になっていた。

「この値段は、アメリカドルでどれくらいか？」

「アメリカのハーヴェイと、どう違うのか？」

「ヨーロッパに、代理店があるか？」

などなど、前年、アナハイムでの展示の時もそうだったが、世界中から集まった多くのドクターが、ブースを訪れていた。

何よりも驚いたのは、マイアミ大学医学部でゴードン教授と一緒に（ハーヴェイ君）の製作を担当している、技術主任のデビット・ローソン（David Lawson）が、ゴードン教授の依頼で展示コーナーを訪れたことである。彼は仔細に（イチロー君）を観察していたが、わたしに向かって言った。

「このシミュレータは、確かにハーヴェイ君より遥かに良く出来ている。素晴らしいものだ」

わたしが清水、片山の両氏の協力によって完成した（イチロー君）が確かに、（ハーヴェイ君）と全く違った方法で作られたものかどうかを、彼は自分の目で確かめたかったに違いない。その瞬間、わたしは遂に（イチロー君）が（ハーヴェイ君）を越えたと確信した。

久し振りに出会った友人の有村章教授と夕食をとりながら

「ところで、わたし達が来た直後の『新春の船火事』の時は大変でしたね」

「ああ、覚えていますよ。わたし達がニューオーリンズに来て、最初の一九五九年の正月でしたからね」

「寒いミシシッピーの川面を見詰めて、行方不明になったシップ・ドクターを探したが、結局、見つからなかったのですね」

「それより、わたしの患者さんのお一人で、そのシップ・ドクターを知っている方があるのです」

「えっ？」

「実は、その方は当時、船舶会社に勤務しておられました。偶々、挨拶に来られた丸顔の若いドクターがおられたことを覚えていた、と言われるのです。わたしが、以前に書いたエッセイをお読みになって、すぐに『あの時のドクターだ』と直感されたようです」

「分からないものですね、四十年の月日が経ってから、そのドクターを知っていた方が、おられたとは」
「本当に、人生っていろんなことがあって不思議ですね」
二人は、その夜様々な思い出に華を咲かせたのだった。

（＊しかし、世界的な学者として神経内分泌伝達ホルモンを研究し、ノーベル賞の候補に何度も挙がった有村先生も、二〇〇九年、多発性骨髄腫のために亡くなった。わたし達夫婦と共に四年の間、ニューオーリンズで過ごした親友の冥福を心から祈りたい）

一九九九年秋、大阪。一〇月一日、わたしが主宰している社団法人臨床心臓病学教育研究会（ＪＥＣＣＳ）は、新大阪駅のすぐ近くにある太平エンジニアリング・ビルの九階フロアを借り、「ジェックス研修センター」をオープンした。これはわたしが、十七年近くも前から提唱していた日本版「ハート・ハウス」設置への、第一歩だったのである。このセンターでは、毎月、医師、医療関係者に対する研修会が開催されていたが、一一月と一二月の二回に亘って、大阪吹田市にある国立循環器病センターに各国からＪＩＣＡのプログラムで留学しているドクターを対象に、「心臓病患者シミュレータを使った研修を行って欲しい」との依頼があった。

わたしは、このことを社団法人の理事会にかけて賛成を得た。事前に元大阪市長の大島靖氏とＪＩＣＡ大阪研修所所長が、研修センターに視察に来られた。お二方には（イチロー君）の臨床医学教育における必要性について説明し、実際に（イチロー君）を起動させて説明したが、教育機器としての素晴らしさが十分に伝わった結果、今回の研修となったのである。五名の留学生医師達は、それぞれ国も異なり、医学教育の背景も異なっていたが、彼等に共通していたことはベッドサイドにおける診察法の基本を身につけていたことだ。彼らは（イチロー君）を見るなり驚きの声を挙げた。

「これは凄い。こんなシミュレータは見たことがない！」

頸静脈波の診かたに関しては、さすがに慣れていなかったようだが、全身動脈拍動の触診の手技、そして心尖拍動（心臓の尖端部が一心拍ごとに、胸壁を押し上げる動きで、各心疾患によって、独特の動きが出る）の触診も十分に慣れていた。そしてわたしが更に驚かされたのは彼等の聴診における技術の高さである。最初の一時間、オリエンテーションを行った。その後、各自には、初めての各心疾患について鑑別診断をしてもらったが、五名とも聴診だけでピタリと見事に診断をつけた。

　今までわたしは、数え切れないほどのベッドサイド教育を医師や、医学生、ナースなどに行ってきたが、彼等ほど短時間に（イチロー君）の身体所見を正確に把握し、研修の成果を上げたグループは他にはない。ある医師は「自分の国には、心エコーの器機もないし、頼れるものは自分の診察技術と心電図だけだ」と話していたが、わたしはドクター全員に向かって、

「皆さんは、わたしが研修をして来たドクターの中で、最高のグループと思います。この研修を機会にそれぞれの国に帰っても、わたしの教育の仕方を参考にして、若いドクターや医学生達を教えて欲しいと思います」

　と話した。わたしが今まで臨床心臓病学を教えてきたことについて、

「わたしは四十年前にアメリカに留学し様々なことを学びました。当時の若い自分にとっては強烈なインパクトでした。そのインパクトに支えられ、わたしは臨床心臓病医としての道を歩いて来たわけです。そして四十年経った現在、今度はわたしが経験し身につけた知識を皆さんに還元する番です。一つでも正確な知識を後輩に伝えるこ

と、それが教育です。そして〝どう教えるか〟ということを絶えず念頭におき、〝どう教えてはいけないか〟を知ることです」

と話した。彼らは深く頷き、そして、

「プロフェッサーの講義は素晴らしく、今までに自分の国で一度も聞いたことのないほど、魅力的なものでした。（イチロー君）も本当に凄い教育効果がありました。できれば、ぜひ購入したいくらいです。どうも有り難うございました」

と言って、一人ずつ握手を交わして、ジェックス研修センターを後にした。その日の研修は終ったのだが、五名の強い要請があり、二回目は一九九九年一一月一八日に、心電図と身体所見との関連について話した。彼等が再び満足したことは言うまでもない。やがて今回の留学生達は一二月三日に、初めて経験した（イチロー君）の教育的魅力を満喫し、惜しみながら母国へと帰って行った。

今回の二回の研修を通して得たものは、外国人の医師達の一人一人が臨床の基礎知識と手技を身につけていたということである。今日のように「ハイテク依存症」に罹っている日本の若い医師達には耳の痛い話だが、これは現実である。「臨床の基本は、あくまでも患者の話に耳を傾け、身体所見を診るためには自らの五感を使い、探偵のような鋭い観察眼と同時に人間的な優しい心で接することである。それが既に一世紀前にジョーンズ・ホプキンス大学の内科学の世界的確威だったオスラー卿（Sir William Osler）が、若い後輩の医師達にいつも、患者のベッドサイドで「臨床医学とは科学とアート（Science and Art）である」と、説いていた理念でもある。

わたしの友人でチャイナ・メディカル・ボード（China Medical Board）の国際医学教育委員長のアンジェイ・ボイチャック博士（Dr. Andrzej Wojtczak は現在、アメリカ国際医学教育研究所所長で、元世界保健機関ＷＨＯ神戸センター所長）が指摘しているように、日本の医学部卒業生の国際的レベルは、世界で戦後五十年以上も経った現在も、依然としてその臨床技術レベルが二十位以内になれないでいるのが現状である。研究分野で世界をリードしているのとは、正反対である。

その理由は、語学力の不足もさることながら、臨床の現場に役立つ知識と、ベッドサイド手技を教える能力のある指導医が少ないことに他ならない。わたしはこれから日本の臨床医学教育が本当に国際的に通用する臨床医を育てなければならないことを、改めて考えさせられた次第である。

わたしを襲った前立腺がん

二〇〇四年の健康診断で前立腺がん診断の検査、PSA値（Prostate Specific Antigen）が八四を超え、全身一三か所に骨転移を伴う前立腺がんが発見された。「さて、どうしたものか？」と戸惑ったが「がんに負けてたまるものか」という思いと「患者さんのためにわたしが健康でいなければ、どうするのだ」と考え、ニューオーリンズ生まれの長男に電話を掛けた。彼は当時、東京の江戸川病院放射線科で専門医をしていたが、すぐに彼の病院でも検査をしたいと連絡してきたので、わたしは上京した。彼も精密な検査を行った結果を見て驚き、わたしの予後は三年半だと思った。いままで「実年期」だと思って働き続けてきたわたしは、その時「老年期」とはこんな状態を指すのかと思わざるを得なかった。

大阪に帰ったわたしは、淀川キリスト教病院泌尿器科で抗がん薬と三か月に一回の筋肉注射を続け、更に自己免疫力を高めるため、毎日一時間散歩を行った。その結果、三年後には、PSA値が二・〇以下に下がった。骨転移病巣も薄れてきたので長男と相談した結果、当時では数少ない放射線集中治療装置を導入されている京都府宇治市にある「武田総合病院」放射線科部長の岡部春海先生を紹介してくれた。毎日、午前中の診療を終えるとすぐに京都の武田病院に向かった。京都へ向かう電車の中で何度も疲労感に襲われ、立っているのがやっとのこともあったが乗り切った。そして二か月に及ぶ放射線治療を受け、完全に骨転移病巣も消えたと診断された。その間、わたしは毎日治療を受けるために京都に出掛けていることを患者さんの誰にも知らせなかった。

それから十四年間わたしは今まで以上に臨床・教育・研究に打ち込んだ。その間、自分で自覚しなかったが、前立腺がんが徐々に再燃してきていたのである。二〇一八年一二月一日、台北にある大学病院へ講演に行ったが、その翌日には関西国際空港に帰ってくるという強行なスケジュールを終えた後、急に体調を崩した。前立腺がんの再燃だった。

二〇二〇年三月にクリニックを閉鎖するに至るまで、日常診療を続け、開業以来、六〇年以上に亘って、わたしは心臓病専門医として臨床・教育・研究の三脚の上に立って働いてきた。この際、わたしが医師として、また社会人の一人として経験したことを、満九十三歳の節目の年にまとめてもよいと考えた。

循環器専門ナース研修プログラム

二〇〇〇年七月。かねてより当社団法人理事で、オクラホマ大学医学部元教授の中野次郎先生（故人）が、循環器専門ナース養成の必要性を唱えていたが、中野先生のプランニングにより、七月末から九月まで、隔週で丸二か月に亘って土日を使い、研修を始めることになった。全国に公募をしたところ、北は北海道、南は沖縄に至るまで、実に日本列島のあらゆる医療施設から研修参加の申し込みがあった。

講義の内容は、臨床に必要な解剖生理学から始まり、臨床薬理学、心電図（わたしが基礎に関する講義を行った）、胸部レントゲンの読み方、心エコー図の解説、心臓カテーテル検査、心臓核医学検査、心臓血管撮影、心臓外科手術、麻酔と術後管理、緊急外来での対応や、心肺蘇生術の研修、身体所見の診かたを（イチロー君）で学ぶなど、各講師の方々に、ナースの研修のため献身的な努力をして頂き成功裡に終わった。こうして今日に至るまで十年間に三百五十名を越す循環器専門ナースが育っていった。今後もこのプログラムは継続して行なわれる予定である。

アリゾナ大学での再講義

二〇〇一年三月、トゥーソン市。わたしと家内は三月八日から三月一一日まで、砂漠の街アリゾナ州のトゥーソン（Tucson）に立ち寄った。今回、わたしはエーヴィ教授に客員教授として招かれ、再びアリゾナ大学医学部サーバー・心臓センターを訪れた。

前夜遅くにトゥーソンに着いたためか時差の影響が体に多少残っている。九日朝七時にエーヴィ教授がホテルまで迎えに来た。雲一つなく晴れ上がった青空のもと未だに朝の空気は冷たく肌寒い。

「ケイ、よく眠れたかい？」

「ぐっすり眠ったよ。今日は気分爽快だ」

と、一日の会話が始まったが、車の窓を通して電信柱のような巨大なサワロ・サボテンが、ハイウェーのグリーンベルトに一定の間隔で植えられているのが目に入る。街全体に巨大なサボテンが植えられているのは、全米でも恐らく砂漠の街トゥーソンだけであろう。五十年間に、二センチしか成長しない「サワロ・サボテン」。そして一本の枝が幹から生えるのに、十五年は掛かると聞くに及んで、「一体、このサボテンは何年掛かって、ここまで大きくなったんだろう？　きっと、気の遠くなるような歳月がかかったのだろう」と思った。

午前七時三〇分から、マフィンやクロワッサンとコーヒーだけの朝食を取りながら、エーヴィ教授が八人のレジデント達に、

「プロフェッサー・タカシナは日本だけではなく、国際的にもよく知られた臨床心臓病学の専門家で、今朝は特に皆さんのために新しい心臓病患者シミュレータ〝K〟を使って、学生にどうやって心臓病患者の診かたを教えるかを指導するためにアリゾナ大学にお招きしました」

と、わたしを丁重に紹介してくれた。

わたしは彼らに「このシミュレータを、今までに見たことがあるか」と聞いてみたが誰も見たことがなく、初めのうちは彼らもやや緊張気味であった。まずスイッチの入れ方から始まり、コンピュータの画面に表示される各疾患の身体所見（頸静脈波、頸動脈波、心尖拍動や心音・心雑音）をファンクション・キーとカーソルを使って、マネキンにどう再現するかをデモンストレーションした。その後、各レジデントに一人ずつ自分で操作できるまで実習してもらった。

エーヴィ教授も一緒になって、学生たちに各疾患の身体所見の特徴や、特に聴診所見を把握させることの重要性を強調してくれた。彼らは既にマイアミ大学のゴードン教授らが開発した心臓病患者シミュレータ（ハーヴェイ君）での研修は経験済みであった。しかし、（イチロー君）では自分の聴診器を使って、各疾患の心音や心雑音の変化や特徴を聴くことができたことと、不整脈と共に心尖拍動や全身動脈波などの身体所見が同時に変わることに、かなりの興奮を覚えたようである。

「ドクター・タカシナ、この音は殆ど実際の患者のものと変わりませんが、どうして入力されたのですか？」

「心音・心雑音は全て実際の患者から記録したもので、胸毛のある人などではかなりバックグラウンド・ノイズが入るのでクリーニング・ソフトで消しました」

「道理でリアルなのだ」

「ドクター・タカシナ、ハーヴェイ君の音は実際の音より誇張しているように思いますが」

「それは全ての心音や心雑音が心音シミュレータで合成されたものだからでしょう」

「なるほど。実際の患者の心音・心雑音とかなり違うのですよ」

　ここでも、シミュレータ〝K〟を見にきたあるドクターから、（ハーヴェイ君）が、絶えず故障続きだとの声を耳にした。

「ドクター・タカシナ、このシミュレータの開発にはどれくらいの期間が掛かったのですか？」

「わたしと東京工業大学の清水優史教授（現名誉教授）と京都科学の片山英伸氏との共同研究で約三年半掛かりましたが、もっと前にわたしは聴診シミュレータを作っていましたから、実際には十年掛かったと思います」

「それで、このシミュレータ〝K〟は何時アリゾナ大学に入ったのですか？」

「四年前だったと思いますよ」

　と次々に質問がわたしに飛んでくる。そこでエーヴィ教授が「今度のバージョンは、一番良くできているね」とのコメント。

「OK、じゃあ、ここで皆さんの耳のテストをやってみましょう」

　と言って、コンピュータの画面の向きを変え各心疾患を順番に出力し、身体所見と聴診の同時診察法について解説を交えながら実習を行ったが、殆どのレジデントが（イチロー君）を使って学生への教え方のコツを会得したようであった。

その後、わたしは四階にあるＣＣＵでエーヴィ教授と合流し、数名のレジデントと一緒に回診を始めた。既にご存じの方もあると思うが、アメリカの医療現場においては、病歴、診察所見や各検査そして治療方針の各項目に関して、レジデントが診察し記載した内容の全てを、その病棟の責任者である教授や、シニア・ドクターが正しいと判断すればサインをしていく。それがなければ、もし将来、医療訴訟に巻き込まれた場合は必ず医師は不利な立場に立たされるのである。わたしは回診の間に、現在のわが国における医療事故の多発も、このダブルチェックの方法によって防げるかもしれないと思った。

回診の途中、ある部屋に入った時である。エーヴィ教授が、わたしを患者に、「このドクターは、日本から来られた教授です」と紹介された途端に「はじめまして、どうぞよろしく」

と日本語で挨拶した老人がいた。エーヴィ教授もびっくりした様子で、

「貴方は、どうして日本語ができるのですか？」

するとその老人は、今度は英語で、

「わたしはノース・ウエスト航空の仕事で、十四年間、東京で勤務していました」

と答えた。

「どうりで。それではドクター・タカシナに日本語で診察をお願いしようかな」

とエーヴィ教授のジョークが飛び出した。

三時間のCCUでの回診も終わり、続いてわたしはランチョン・カンファレンスのため、その階にある会議室に向かった。学生達やレジデント達が集まってくる。やがてエーヴィ教授が、

「今日のゲスト・スピーカーは、プロフェッサー・タカシナです。ドクター・タカシナは、臨床心臓病学教育研究会の会長であり、日本をはじめ国際的にも、非常に著名な心臓病学での権威であります。来週、アナハイム市でアメリカ心臓病学会の学術年次総会が開催されますが、この学会には世界中から有名な心臓病の専門家が出席されます。今回、ドクター・タカシナがこの学会に来られることを伺っていましたので、その二、三日前に、アリゾナ大学でベッドサイドにおける診察法『心音と心雑音』についてお話し頂きたいとお願いしました。そのノウハウを伺えるものと思います。ケイ」

エーヴィ教授の紹介を受けて、わたしは話し出した。

「どうも、エーヴィ先生、ご紹介有り難うございました。わたしは再びトゥーソンに来られたことを嬉しく思い、またエーヴィ先生にお招き頂いたことを、大変名誉に思う次第です。今日は『心音と心雑音』についてお話しするわけですが、臨床における診察の第一歩は、完全な病歴と身体所見の把握に他なりません。これは世界中のどこに行っても同じです。しかしハイテク技術を駆使した診断機器の進歩のお陰で、余りにも多くの臨床家が、その技術に頼り過ぎ、ベッドサイドの診察手技の重要性を忘れがちです。日本においては、特にその傾向が見られます。今日、わたしは診察手技の中、特に聴診について話したいと思います。

ああ、その前に。もう少しで忘れるところでした。エーヴィ先生、実はわたしがロサンゼルス空港の待合室で待っている時、凄いお年寄りがわたしのところに来まして『貴方はトゥーソンに行きますか?』と。『ええ、行きますが』と答えると『何かの機会にエーヴィ先生に会う機会がありますか?』と言うのです。彼は、どう見ても二〇〇歳くらいでした。『ええ、しかし、どうしてそれをご存じなのですか?』と聞くと『いやー、エーヴィ先生は大変な聴診器の蒐集家なのですよ。これはわたしが作った最新のモデルです。どうかエーヴィ先生にお渡しください』

『ところで、貴方のお名前は何とおっしゃるのですか』
『わたしの名はラエネック（Laënnec）です』」（＊ラエネックは一八一六年世界で初めて木製聴診器を創った人である）
と言って、わたしが二か月掛かって作り上げた木製の筒で、マホーガニー色のニスで仕上げた『木製聴診器』を、鞄から取り出してエーヴィ教授に手渡した。彼は驚いた様子で聴診器を受け取ったが「これは素晴らしい！」と大喜び。これには学生やレジデント達も大爆笑である。
続いてエーヴィ教授は、その聴診器を手にしながら
「ラエネックは、一八〇〇年代の初め頃には直接聴診法しかできず、特に女性の患者の場合は、胸にハンカチーフをおいて聴診をしなければならなかったのです。その後、ふとしたヒントから初めて木製の聴診器で聴診を始めたドクターです」
と解説した。わたしは全く予期しなかったが彼の説明はわたしが用意したスライドの内容と変わらなかった。
そこで「今エーヴィ先生が言われたことが、全部このスライドに書いてあります」と言った途端に再び大笑い。これでわたしもすっかり気分が楽になり、聴診器の選び

方から始まり心音と心雑音の聴き方から鑑別方法などを、スライドを使って約一時間に亘って講義を行った。日本語のスライドも交え「皆さんは日本語も読めるでしょうから」と言ってイラストの表題だけが、日本語のものも用意した。講義の間、絶えず頷きと微笑みが学生達の顔に浮かび、そしてエーヴィ教授も独自のコメントをしながら、時にはわたしのQ&A形式の講義では、質問の正解と思われる解答に対して、学生やレジデント達に手を上げて答えてもらった。

そして最後のスライドで、

『聴診なしには、心臓病学をマスターする者はない。幸運を祈る』

(Without Auscultation, No One Can Master Cardiology. Good Luck!)

と、わたしの語録が出た途端に、会場全体から笑いと大きな拍手が沸き起こった。その後エーヴィ教授が、丁重な礼の言葉を述べられた。多くの学生をはじめ、チーフ・レジデントが、わざわざわたしに握手を求め「素晴らしい講義を有り難うございました」とそれぞれ礼を述べてくれた。

翌日にはロサンゼルス郊外のアナハイム市で開催される第四九回アメリカ心臓病学会に出席するために、砂漠の街トゥーソンを後にしたが、その前夜、ホテルの前から見上げた夜空一杯に煌めく数々の星の神秘的な美しさは、喩えようのない迫力でわたし達を包んだ。ナバホ族の北米先住民達が、広大な宇宙の中の母なる地球に生きることを感謝して星に祈りを捧げ、自然に対して畏敬の念を現す気持ちが理解できるように感じた。その美しい夜空はわたしの網膜に焼きついて、決して忘れることはできない。

日本に帰って数日後、エーヴィ教授から、

「今回の貴方の講義は素晴らしかった。ケイ、貴方の講義は学生やレジデント達に大いに受けたよ。本当に有り難う」

とEメールで礼状が届いたのである。

三月二〇日の午前一一時に、ブースを訪れたアリゾナ大学医学部のエーヴィ教授が約一時間に亘って（イチロー君）を診察し、多くのアドバイスをしてくれたことは、我々にとって何よりも有り難かった。また、マイアミ大学医学部助教授の若い女医であるドクター・リスターが、友人のゴードン教授の代理で、ブースを訪れてくれたことも爽やかな印象として残っている。

こうして、三日間の展示場にいろいろなビジターがあったが、何といっても、京都大学名誉教授の河合忠一先生が何回も立ち寄られ、アドバイスを頂いたことや、河合先生の紹介でアジア太平洋心臓協会のイスラエルのアンソニー・ドン・マイケル先生(T.Anthony Don michael)にお目にかかり、

「今後、アジア心臓病学界のために、日本がリーダーシップを取ってください」

と依頼されたことは、何よりの大きな収穫であった。

我々は、既に大阪・横浜を結んだ研修センターを通じて、国際協力事業団とも連携し、アジア近隣諸国の医師や医療関係者のための教育機関として「アジア・ハート・ハウス・大阪」を誕生させ、毎月定期的に研究を行っている。更に、その目玉として、今回、バージョン・アップされた心臓病患者(イチロー君)が、活躍を開始し、更に呼吸音シミュレータ「ミスター・ラング」(Mr. Lung)や、眼底検査シミュレータが新たに加わった。この施設はやがて「ユニバーサル・スタジオ・ジャパン」の魅力をも凌ぐ医療教育機関として活躍していくことだろう。

追い続けた夢

二〇〇二年五月、京都国際会館。国際内科学会で講演。

新緑に覆われた鞍馬の山々を背景に、雲一つなく晴れ上がった青空のもと、京都国際会館において、五月二六日には、天皇、皇后両陛下をお迎えして、第二六回国際内科学会の開会式が行われた。海外十数か国からの参加者も含め、約七千人の内科医が集まった。

日本での国際内科学会は、十三年振りとのことである。わたしは、前年秋から今回の学会のために準備を進めてきた。国際学会というのは、その性格上、多くの基調講演の他、各分野における最近のトピックスが紹介され、特に今回の会長を務めたのは、東海大学医学部前部長の黒川清教授であった。

黒川清教授は、アメリカの南カリフォルニア大学医学部教授、東京大学医学部教授、そして東海大学医学部長を歴任した素晴らしい内科医であると共に、その国際感覚を生かして今回の学会にも組織委員会の発案を取り入れ、東洋医学の紹介コーナーも開設し、学会開催中は外国人参加者にも大いに人気があった。

われわれ社団法人・木野昌也副会長の計らいと、東京医科大学循環器内科学の山科章教授らの努力と、特にわたしと長年、共同開発研究に当たった京都科学の片山社長をはじめスタッフの方々の努力により、社団法人臨床心臓病学教育研究会のため、講演用会場が設置された。

　五月二七日午前九時より、国際会議の実質的な幕開けとなった。海外の学者達の半数は、時差のためか、観光のためか、午前中は余り会場には顔を見せない。わたしは既にＡＣＣ（アメリカ心臓病学会）での経験もあり、一階の展示室を訪ねる外国人の医師達にも一人ずつ、丁寧に（イチロー君）の開発に至る経過について説明していった。誰に対してもわたしは、

「わたしがこのプロジェクトのリーダーです」と挨拶した。

「これはどうして作られたのですか？」

「値段は、アメリカドルでどれくらいしますか？」

「心音や心雑音は、どうして発生させているのですか？」

「このシミュレータを作り上げるのに、何年掛かりましたか？」

など、どの質問も既にＡＣＣで受けたのと殆ど同じであった。しかし中には、

「わたしは、ヨーロッパの学会で同じようなシミュレータを見たことがありますが、あのシミュレータとは比較にはならないほど、この方が良くできています」とコメントしたドクターもいた。

その翌日の午後二時から約一時間に亘って会議室に集まったドクターを前に、わたしは英語で、

「第二六回国際内科学会において、わたしに『アジア・ハート・ハウスと新しい心臓病シミュレータ』についてお話しする機会を与えてくださいました当学会の組織委員会の方々に対しましてまずお礼を申し上げる次第です」

と、パワーポイントを利用したプレゼンテーションを始めた。

「まず、最初の話題は『アジア・ハート・ハウス』のことについてであります。二一世紀における日本の国際社会に対して、果たすべき役割は、政治、経済、学術、文化など、あらゆる分野で貢献することであります。医学もその例外ではありません。十七年前より、我々が提唱してきました『ハート・ハウス構想』は、アメリカの首都ワシントン郊外、ベセスダにあるアメリカ心臓病学会（American College of Cardiology＝ACC）の本部であるハート・ハウスをモデルとして、我が国のみならず、アジア近隣諸国の医師、ナース、医療関係者のために、国際的規模の医療教育と研修、及び情報交換の出来る研修施設を、設置しようとするものでありました」

「この構想を思い立ったのは、今から約三十一年前にACCが、その本部をニューヨ

ークから、首都ワシントン郊外のベセスダ市にある閑静な住宅地の真ん中に移しました。その柿落しのセミナーに、わたしが日本から唯一人参加したことが、契機となりました」

「ACCが世界最高のクラスルームと銘打っている素晴らしい研修会議場や、その設備のみならず、セミナーを主宰したジョージタウン大学医学部のプロクター・ハーヴェイ教授をはじめ、各講師の魅力のある講義に、わたしは深い感銘を受けました」

「そして何よりも、マイアミ大学医学部のマイケル・S・ゴードン教授が中心となって作り上げた心臓病患者シミュレータ〝ハーヴェイ〟にわたしは大きな魅力を感じたのです。臨床心臓病学を長年、教えてきたものとして、具体的に心臓病患者の客観的な身体所見を再現できるシミュレータが、日本にも是非必要だと感じたのです。そして、一九八五年に社団法人臨床心臓病学教育研究会を設立しました。そして近い将来、日本版ハート・ハウスを大阪に設置しようと考え、その準備を始めました」

「大阪府、大阪市の許可と、関西経済連合会や大阪商工会議所の協力を得て、日本医師会、大阪府医師会の後援により開始しましたが、そこに襲ってきたのが、バブル経済の破綻でした。当初は順調に思えた募金活動も突然、頓挫したまま数年が経過しました。日本版ハート・ハウスの話はどうなったのだという中傷に近い声を聞くにつけ、わたしは切歯扼腕の思いでした」

「大蔵省や厚生省にも、何度となく足を運びましたが、一九八六年より、約六十社の製薬業や一般企業を訪問しました。どの会社も、異口同音に『先生のお話には賛同いたしますが、当社といたしましては、すぐには対応いたしかねます』と総論賛成、各論反対の態度に、わたしは、いくつものハードルを越えなければ、大きなプロジェクトは決して前に進まないことを、いやというほど思い知らされました」

「アジア・ハート・ハウスの必要性は、八年前に日本学術会議・第七部会・循環器学研究連絡委員会が開催された際、この構想について、松本昭彦委員より提案があり、当時の部会長であった河合忠一先生のご努力により、当委員会で何回となく審議された結果、日本学術会議から七年前に対外報告が出されました。そして多くの方々のご協力と、関係各省庁や各機関の協力により、その計画の第一段階として、予定より一年遅れましたが、二〇〇三年春に、横浜市内にある横浜国際協力センター内に『アジア・ハート・ハウス』事務局を設置することになりました」

「アジア・ハート・ハウス設立の意義は、二一世紀の医療が、健康医学にあるという観点に基づくものです。"Heart House"の頭文字にちなんで、その意義を考えると、医師や医療関係者の人間性（humanity）を高めるために、有効な（effective）教育を行い、これによって国際的医療の進歩（advancement）に寄与することができるでしょう。また、そういった人材（resource）によって、彼らに十分な研修（training）を行うことが大切であります」

「また、その目的とするところは、我々が健康（health）を維持する上で、現在の生活習慣を改め、日常生活の質的向上を図ることであります。心臓が脳、腎臓と共に身体の三大重要臓器（organ）の一つであり、身体の重要な部分（unit）として機能していることを知るために、心身（body & spirit）の教育（education）を通して行うことが必要であります」

「以上の理念に基づき、今後アジア・ハート・ハウスはアメリカ及びヨーロッパ・ハート・ハウスと共に、世界における心臓病予防のアジアにおける拠点として、二一世紀の国際医療に貢献し、人々の健康維持のため活動を展開することになるでしょう」

「既に、一九九八年一〇月一日より、大阪には『ジェックス研修センター』が開設されましたが、同センターにおいては、一九九九年秋以降、ＪＩＣＡとの協力により各国の医師に対して数回の研修活動を行ってきました」

「また、二〇〇一年四月一日よりジェックス研修センターを『アジア・ハート・ハウス・イン・大阪』と名付け、新たに活動を展開しています。アジア・ハート・ハウスは、二一世紀の幕開けと共に力強い鼓動を打ち、一般の人々の健康維持に向かって邁進いたします。今後は皆様方もアジア・ハート・ハウスのメンバーとして参加して頂き、我々の手で国際的研修活動を広げていこうと考えております」

「このアジア・ハート・ハウス設置準備委員として、日本学術会議第七部会・循環器学研究連絡委員会の部会長を務めて頂いた、河合忠一京都大学名誉教授をはじめ、杉本恒明東京大学名誉教授、矢崎義雄国立国際医療センター総長、松本昭彦横浜市立港湾病院院長、故春見健一日本心臓財団副理事長、堀正二大阪大学医学部大学院内科教授、山口徹東邦大学医学部内科教授と、わたしがメンバーとして定期的に準備を進めて参りました」

「先ほども触れましたが、来年の春、遂に横浜にアジア・ハート・ハウス事務局を設置することになりました。大阪における研修と同様、横浜においてもＪＩＣＡの依頼による外国人留学医師に対する研修を行い、医師、医療関係者に対する（イチロー君）を使った研修を行うと共に、アジア・ハート・ハウスのホームページを、インターネット上にオープンし、国の内外を問わず世界に向けて医学情報を発信し、インターネット・カンファレンスや、種々の国際会議や、研修が必要な場合には隣接した横浜国際会議場を利用して、研修活動を行っていこうと考えています」

「さて次にお話しするのは、今皆様の目の前に置かれている新しい心臓病患者シミュレータ（イチロー君）についての話題です」

と言って一息つき、わたしは一瞬、窓を通して外の景色を見た。会議場の外は、見事に晴れ上がった初夏を思わせる日である。この緑の山々に囲まれた、ここ京都市北部、宝が池に合掌造りを彷彿とさせるユニークな京都国際会館が建てられたのは、五十年以上前のことである。当時、周りにはホテルなどの宿泊設備は何もなかったが、今では、この会議場に通じる通路の向こう側に、ザ・プリンス京都宝ヶ池があり、また地下鉄も延長されて「国際会館」駅が出来た。

「一九七〇年に、アメリカでは心臓病患者の身体所見の診かたを、自己研修によって学ぶことができる臨床教育機器として、心臓病専門医が中心となって、心臓病患者シミュレータが開発されました。その開発プロジェクトのリーダーだったのが、マイアミ大学のゴードン教授でした。彼は恩師のジョージタウン大学医学部のハーヴェイ教授（Prof. Proctor Harvey）の名にちなんで、そのシミュレータに〝ハーヴェイ君〟（Harvey Junior）というニックネームを付けました」

「一九七一年一〇月に、完成したアメリカ心臓病学会の研修センター『ハート・ハウス』（Heart House）の柿落しのセミナーで、この（ハーヴェイ君）と対面したことが、わたしに大きな影響を与えました。そして将来、日本にもこのような教育研修センターを作りたいという夢をわたしに抱かせたのです」

「それから、十数年の歳月を要しましたが、一九八五年にアメリカで臨床訓練を受けた心臓病専門医が集まり、医師、ナースをはじめ医学生や医療関係者のため、心臓病を中心とした、生活習慣病の診断や治療に関する、最新の知識を普及する教育活動と、また、一般の方々に対して、日常生活における注意点や、これらの疾患に対する予防啓発活動を行うことを目的として、社団法人臨床心臓病学教育研究会を設立しました」

「そして、臨床手技の習得に自学自習のできる教育機器として、マイアミ大学から、心臓病患者シミュレータ（ハーヴェイ君）を導入しました。当時の研修目的には、十分かなったものであったと思っています。（ハーヴェイ君）は、二十七種類の各心疾患の身体所見を忠実に再現してくれるシミュレータでしたが、頸静脈波、全身の動脈波や心尖拍動など、全ての動きはカム装置によって作動されており、また心音や心雑音もシミュレーションによる合成音でした」

「しかし、これら心音・心雑音を聴くためには、（ハーヴェイ君）専用の特殊な聴診器を使わなければならないため、研修に際して人為的、経済的な負担が大きく、また、三五〇キロもあって容易に動かすことができないという問題が、絶えず頭を悩ませました」

「これらの問題を、どう解決すればよいのかを考えていましたが、まず、実際の患者から記録された心音・心雑音を使って聴診の訓練を行うことが、最も大切であると考えました。約五年間の試行錯誤の末に、わたしは四チャンネル・マルチカセット・レコーダーに、心音・心雑音を記録し、再びこのレコーダーを通して、人体の胸部サイズのマネキンに再現できる心臓病聴診シミュレータを開発し、これを循環器専門誌の『クリニカル・カーディオロジー（Clinical Cardiology）』に発表しました」

「更に、心音・心雑音の聴診だけに留まらず（ハーヴェイ君）のように心疾患患者の身体所見を全て再現することができ、また研修に際して移動が容易にできるシミュレータを開発しようと考えました。数年間に亘る共同研究により、最近のデジタルおよびコンピュータ技術を応用して、等身大のマネキンに身体所見を再現できる新しい心臓病患者シミュレータ（イチロー君）の開発に成功したのです。このシミュレータの総重量を、五五キロにまで落とすことができたので、研修場所にいつでも移動が可能です」

「シミュレーション技術は、アメリカで開発されたものですが、その代表的なものとしてはジェット機のコックピット（操縦室）のシミュレータ、NASA（アメリカ航空宇宙局）の開発したシミュレーション技術でしょう。これによってパイロットが実際の飛行機で離着陸のできるよう訓練をし、また宇宙開発に貢献したのです。日本は各種の産業用ロボットの開発では、世界一の実績を持っているのですが、残念ながら医学の訓練には今までシミュレーション技術が、あまり使われて来なかったのです。この臨床訓練に最も効果的であるシミュレータを、何とか国産で作り上げようと考え苦心した結果、（イチロー君）が誕生したのです」

「わたし達はまず、日常診療において見られる、各心疾患患者からの頸静脈波、全身動脈波、心尖拍動および腹式呼吸（心拍数を六〇回／分、呼吸数を一二回／分に設定）をコンピュータに入力しました。それを、三二ビットマイクロコンピュータを使用した空気圧制御技術により、等身大のマネキン（内部：発泡ウレタン、表皮：塩化ビニール製）の両側の頸静脈、頸動脈、正中動脈、橈骨動脈、大腿動脈及び心尖拍動部位に、忠実に再現しました」

わたしは、次に参加者の方々に（イチロー君）のベッドサイドに集まってもらい、実際にデモンストレーションを行った。

「今や日本に限らず、アメリカでも、若い医師たちの聴診技術が低下していることが指摘されています。この現象は、医学教育でハイテク技術に頼り過ぎた診断方法を教育した結果、若い医師達が医学教育の中で、本来身につけるべき診断手技を軽視している傾向があるためだと考えられます」

わたしが見せたパワーポイントの一枚のスライドに「もう一人のイチロー君」というタイトルが画面一杯に出てくると、

「皆さん、アメリカ大リーグで昨年、リーディング・ヒッターになった選手の名前はご存じですか？」

と会場を見渡して質問した。すると誰かが小声で〝ＩＣＨＩＲＯ〟と言った。

「そうです。シアトル・マリナーズの〝ＩＣＨＩＲＯ〟ですね。わたしが、このシミュレータにニックネームをつけたのは、実は、彼が日本のオリックス・ブルーウェーブで大活躍を始める前だったのです。正にこのシミュレータ（イチロー君）もマリナーズの〝ＩＣＨＩＲＯ〟も相乗効果を発揮して、今や世界を股に、大活躍を続けているのです」

「では、次のスライドで、わたしの今日の講演を終わろうと思います……」

"Without a complete physical examination, no one can master the clinical skills at BEDSIDE!"（完璧な診察を行わずして、ベッドサイド手技をマスターすることかなわず）であった。会場一杯の聴衆の拍手を受けて、わたしは無事講演を終わった。

二〇〇二年にわたしは『やってみようよ！　心電図』という心電図のガイドブックをインターメディカ社から出版したが、二〇〇三年に亘って医学教育関連の単行本としてベストセラーとなったのは大きな喜びである。

Eラーニング「聴診」

二〇〇三年八月二七日。「アジア・ハート・ハウス」設置準備事務所が二〇〇三年春、横浜に多くの方々の協力と尽力によりオープンしたが、政治的な理由でこのプロジェクトは横浜での存続が難しくなったため、急遽、大阪にその設置場所を変えることになった。そして一九八六年にわたし達がアメリカの「ハート・ハウス」を視察してから十九年の歳月を経て、二〇〇四年一月、当社団法人が目指してきた国際臨床医療研修センター「アジア・ハート・ハウス」をJR新大阪駅近くにあるビルのワンフロアに設置することができたのである。また、インターネット上に「聴診」Eラーニングが登場し、外資系製薬会社日本ベーリンガーインゲルハイマー社長・大澤昭夫氏の協力のもとに誰でもアクセスが可能となり、今後は新しい国際的研修活動を展開し、ネットを舞台に活躍することになった。

二〇〇四年三月二五日。夕方のNHKハイビジョン放送で、京都科学の鶴岡邦良氏が、京都の名工の一人に選ばれ、彼の紹介の中でも（イチロー君）製作の過程が克明に記録され、放映された。

そして、その二日後に東京国際フォーラムで開催された第六八回日本循環器学会学術総会において、アメリカ心臓病学会との合同シンポジウムの中で、わたしは英語で講演を行ったが、（イチロー君）を使って行った卒後研修の有効性について過去五年間の実績を紹介し高い評価を受けた。フロリダ大学医学部の友人であるリチャード・コンティ教授の長女「エイミー・コンティ」と一緒にシンポジストとして登場した。

わたしは二〇〇六年の夏から日本人の医学部学生をアリゾナ大学医学部に短期留学させる試みをエーヴィ教授に話したが、彼は快くその提案を受けてくれた。毎年、応募してくる学生達は、皆英語は勿論、素晴らしくバランスの取れた社会人であり、そのことを我々面接に当たった理事達は頼もしく感じた。二〇一一年度まで続いたアリゾナ大学医学部への短期留学プログラムもエーヴィ教授の定年退職と共に終わった。

スペインで（イチロー君）と再会

二〇〇六年一〇月七日（土）、晴。わたしがプロジェクト・リーダーとして研究開発した心臓病患者シミュレータ（イチロー君）（英文名：Simulator "K"）は、一九九七年にアナハイムで開催されたアメリカ心臓病学会においてデビューを果たし、同年八月、国際的循環器専門雑誌「カーディオロジー（CARDIOLOGY）」に、その教育効果について発表されたことは既に述べた通りである。
以来、ベッドサイドにおける循環器疾患診断の医学生の臨床能力を客観的に評価する方法の一環として、二〇〇四年よりＯＳＣＥ（Objective Structured Clinical Examination）が始められた。わが国の殆どの大学医学部や医科大学に導入されている。

このシミュレータは既に、アメリカではアリゾナ大学医学部や、テキサス州サン・アントニオ陸軍医学研究所をはじめ、台湾やイギリスなど海外にも進出を始めた。そして二〇〇六年、スペインのバルセロナ大学医学部とマドリッド医科大学にも数台が導入されたのである。イギリスをはじめとしてヨーロッパ各国の大学医学部や医科大学は、臨床研修を極めて重視している。その結果、本プロジェクトのリーダーであるわたしに「Simulator "K" を使って実際に臨床医学指導者への研修を行って欲しい」とマドリッド医科大学附属メナリニ医学教育研究所のドクター・ホルディ・アバド・サラ（Dr. Jordi Abad Sala）から客員教授として招聘したいという依頼があった。それは七月のことである。漸くわたしと先方との日程調整もでき、二〇〇六年一〇月七日正午、スペインへの直行便がないため、エール・フランスのパリ経由でバルセロナへ行くことになった。

関西国際空港でのセキュリティ検査も終わり、エール・フランス二五一便は時間通りに出発し、十一時間五十分後に、パリのシャルル・ド・ゴール空港に到着した。広大な空港のコンコースを通ってトランクを引きずりながらゲートまで歩いていった。そして約三時間後の一〇月七日午後九時五〇分、パリを飛び発った。エール・フランス二三四八便の機窓を通して眼下に広がるパリの街の明かり、中でも優雅な曲線を描いてライトアップされたエッフェル塔の美しさに思わず見とれてしまった。飛行機は一時間二十分後にバルセロナ国際空港に到着した。

バルセロナ。パリを発つ時にセキュリティ検査があったきり、バルセロナ空港では入国審査もない。そのまま、タクシーに乗って「セナトール・ホテル、ポール　ハボール」と言ったが、「シー　セニョール」で会話は終わり。タクシーの運転手は殆ど英語を話さない。「ホテルはここからどれくらいか？」と聞いたが、答えは返ってこなかった。約十五分後にホテルに到着。時間は既に午後十一時を過ぎていた。ユーロで一六ドル五〇セントだったが、空港のテロ対策費だとかで三ドル別に取られ、結局二〇ドルを払ったが、きっちり二〇ドルのレシート（スペイン語ではレシートのことを

「チケット」と呼ぶことを初めて知った）が、返ってきた。「グラシアス．ブエノス　ノチェス　セニョール」（有り難う。お休みなさい、旦那さん）といった挨拶が、彼と話した二言目の会話だった。

ホテル・セナトール・バルセロナは四つ星ホテルだけあって、受付の二人の男性もしっかりした英語で対応をしてくれた。

二〇〇六年一〇月八日（日）。スペインは店舗をはじめあらゆるものが休みであった。午前中まだ時差の取れなかったわたしはベッドで休んでいたが、午後には体調も回復し、現地入りをしていた京都科学の遠藤陽子さんと、ホテルからタクシーで十分のところにあるガウディが一八八二年に造り始めた有名な「サグラダ・ファミリア」(Sagrada Familia) を訪れた。この礼拝堂は世界の建築物の中でも特に有名であることは、周知の通りであるが、一八五六年に初代の建築家ピリャールが建築に取り掛かった。そして一八八二年三十一歳のアントニオ・ガウディがその後を継ぎ、四十三年間をこの建築のために取り組み、正面の部分を完成させた。ピリャールが建設を開始してから既に百五十年が経つ。既にガウディは他界したが、その類稀な設計方法はキリスト教とイスラム教の融合された独特のスタイルであり、後の建築家に受け継がれている。世界中の建築家がお互いに協力し、日本からは彫刻家の外尾悦郎が加わっている。壮大なスケールの礼拝堂は、正に想像を遥かに超え完成までに向こう数十年はかかるとの話だった。

翌一〇月九日、バルセロナ大学医学部付属病院の「サン・パン病院」で正午から午後六時まで、研修講義を行うことになった。バルセロナの街の至る所でガウディの作品になる建物を見ることができる。この病院の正面玄関もガウディの建築によるものだと聞く。殆どの建物が石と古い工法のレンガ作りであり、この病院の広大な敷地も中世の面影を残す立派な建物であった。二階にある研修室は約三〇人の人が入れる部屋で、そこに（イチロー君）が既に設置されていた。わたしにとって見ればはるばる日本からやってきて、久し振りに息子に会うような気分であった「ボエナス・タルデス・イチロー君」（やあ、今日は（イチロー君））。

研修参加者は指導医が中心であったが、約半数が女医や女子学生であり、日本やアメリカでも女性の医師が、約半数に達している現象がここでも起こっていた。現地の人の話では、一九八〇年代から男子学生はＩＴ関連の仕事に魅力を感じるようになったため、医学部への進学希望者が少なくなったと説明する人もいる。今回の（イチロー君）研修には、バルセロナの四つの病院からそれぞれ指導医たちが参加していた。中には心臓病専門医も参加した。

最初にわたしは自己紹介を兼ね、スペイン語でまず挨拶をしたが、参加者の緊張を解すためにも英語でジョークを言った。その内容は「ある病院の小児科病棟のプレイルームで一人の男の子が、もう一人の男の子に『君は内科患者なの？ それとも外科患者なの？』『そんな難しい言葉は分からないよ』『それは簡単だよ。病院に来る前に身体の調子が悪くっても、入院したら良くなるのが内科だよ。その反対に入院する前は元気でも、入院してから身体が悪くなるのが外科だよ』と言いました」と言った途端、参加者が笑い出し表情がにこやかな笑顔に変わった。

わたしはパワーポイントを使いながら、「心臓病患者シミュレータによる臨床手技の教育効果」について、約一五〇名の医師、医学生、ナース、外国人医師などを対象に、（イチロー君）（Simulator "K"）開発に至る研究開発の過程や、過去九年間に行ってきた研修効果について説明し、約一時間半の講義を行った。

休憩を挟んで、午後六時まで正常の頸静脈波の診かたから始まり、全身の動脈拍動、特に頸動脈と橈骨動脈における脈波伝播速度の差を自分の頸動脈と橈骨動脈で体験させることが、医学生に対しては一番良い方法であることを話した。わたしがベッドサイドの診察法の仕方を披露した後、正常症例から始まり、各心疾患を参加者全員が診察をすることができるように時間を取って指導していった。わたしは今までにどれだけ（イチロー君）を使って研修を行ってきたか自分でも覚えていないが、今回のスペインでの研修には特別な気持ちで接した。スペインの若いドクター達は、日本の場合とは全く違った態度で、わたしの研修指導方法を学ぼうとしていたからである。

彼らの目付きは真剣そのものであり、ドクターの一人は、わたしが説明した後で、肺動脈部位におけるⅡ音の呼吸性分裂が、わたしの言うように吸気のみで分裂し、呼気で分裂がなくなるのではなく、僅かなⅡ音分裂がズレていることを指摘したのである。わたしは率直に彼らの指摘を認め、シミュレータの下部にある呼吸用空気圧のネジを調整する必要があることを伝えた。

様々な症例についてのわたしの臨床経験や、口真似による「心音擬似法」を紹介すると、一緒に仕事を手伝ってくれたイギリス人のアラン（Mr. Alan Morrissey は一九六九年からスペインに住んでいる）が、「プロフェッサー・タカシナがおられたら『Simulator "K"』は要りませんね」と冗談を言ったので、参加者のドクター達も笑いながら頷いていた。

こうして(イチロー君)に内蔵された殆どの症例を提示し、不整脈の際の心音を脈拍の変化や、異常呼吸音についても解説したが、一人の循環器専門医が「各疾患についても様々な違った心雑音を示す症例があるので、それはこのシミュレータで再現することができるか?」と聞いた。わたしは「それは可能だが、現在の段階では、初心者のための教育機器として、あまり複雑な症例はインプットしていない」と答え、彼も「そうだろうね。教育には初めから複雑なケースを教えるとかえって分からなくなるからね」とわたしの説明に納得したようである。

マドリッドへの一日旅

こうしてバルセロナでの研修講義が無事に終わった。そして我々は今回のスペインでの「医学教育シミュレータ株式会社」のスタッフと共に、午後九時の飛行機でマドリッドに飛んだ。一時間の飛行の後にマドリッドに着き、ホテルに入った。

翌一〇月一〇日の午前中、時間が空いたので、プラド美術館にタクシーで行ってみた。ピカソの『ゲルニカ』を見たいと思ったからである。しかし、残念ながら火曜日は休館日とのことであった。周りの店も殆どがまだ開店していない。プラド美術館のすぐ前に地下鉄駅があり、その一角がブルーの覆いで囲まれている。イラク戦争に参加したスペインに対するテロの報復によって爆破され多くの犠牲者を出したのが、二年前のことであったことを思い出した。その囲いの中に記念碑が建てられているとのことであった。

ホテルに戻り、Medical Simulator S.A. のチームが来るのを待った。午後六時から、マドリッド医科大学で女性の病理学者であるゴンサレス学長が挨拶を行い、主催者であるメナリニ医学教育研究所のドクター・アバド、エドワルド・クローサス氏の後、わたしがスペイン語で、

「今回、わたしの息子である（イチロー君）を使って患者の診察手技を修得するための講演をできることは、わたしにとって非常に名誉なことであります。この世界的に美しい歴史的にも有名な美しいマドリッドとバルセロナの街で、わたしが講演をするため、ご協力を頂いたマドリッドの方々に対しましして心から深い感謝の意を表します」

と挨拶をしたが、会場から一斉に拍手が沸き起こった。わたしが二か月かけて覚え

たスペイン語の挨拶が報われた瞬間だと実感したのである。

（イチロー君）を前にして、それからは英語でわたしが三十年前から提唱している「臨床における三つの言葉」、すなわち「日常語・身体語・臓器語」の重要性について話した。「日常語」は普段我々が話す言葉で、主訴や現病歴を聞くことが第一である。しかし、スペインではどうなのか知らないが、現在、日本では十分に会話のできないドクターが増えていることは、社会人としての教養が身についていないからだと指摘した。「身体語」とは患者が疾患によって身体の具合の悪さを訴える身体所見であり、これを把握するために、このシミュレータが開発されたのだと説明した。

また「臓器語」とは心音・心雑音であり、正に心臓が臓器の言葉として、一心拍ごとに訴えているものであり、これがベッドサイドにおける診察法の基本であることについて、実際に参加者に（イチロー君）に触れ、聴診してもらい、シミュレータの魅力を存分に体験してもらった。一時間半に亘る講演を三〇名の参加者が熱心にわたしの話を聞いてくれた。こうして（イチロー君）はスペインにおいてわたしのために大活躍をしてくれたのである。

講演が終わった時、わたしは今回の講演旅行に際して非常にお世話になったエドワルド・クローサス氏にスペイン語で書いた感謝状を贈った。

そして何よりも感心したのは、ゴンサレス学長が最後までわたしの話を聴き、そして（イチロー君）を診察し、最後にわたしにマドリッド医科大学の紋章の入ったバッチを胸に付けてくださったことである。そして彼女の研究論文をCDに入れた「エコー解剖学」という新しい研究法を紹介し、世界の有名な病理学者の紹介された本を贈って頂いた。また、ゴンサレス学長付きのドクターから「再び、マドリッド医科大学にお出でください」と招聘を受けた。

こうして、今回のバルセロナとマドリッドでの講演が無事に終わり、一〇月一二日にはバルセロナからパリ経由で帰国の途に着き、十三日の早朝九時に関西国際空港に着いた。

アリゾナ大学での再講演

二〇〇八年一一月三日、晴れ。午前六時に起床した。時差ボケは完全に取れた。午前六時三五分にレストランで軽い朝食を取った後、ヘルス・サイエンスセンタを見学した。全ての疾患に関する基礎的研究が行われているのを見るのは、実に素晴らしい。

そして最後にアリゾナ大学の金色に輝くエンブレムを手に入れることができた。

一二時丁度に始まったわたしのレクチャーは、まず次のジョークで幕を開けた。

「わたしは二日前にトゥーソンに着きましたが、空港からタクシーで『アリゾナ・イン』へ向かう途中、信号で車が止まった時、右の歩道の上に瘦せた鶏のような鳥が止まっていました。と、次の瞬間、その鳥は車の前を横切って車道を凄い速さで走り去り、アッという間に消えてしまいました。驚いてわたしは運転手に訊ねました。『あの鳥はなんという種類の鳥なンだ?』『貴方は今までに見たことがないンですか? 彼女は「ロードランナー」(road runner) ですよ』『なるほど』と頷いた。ところが次の信号で車が止まった時、歩道の上を中年の非常に太った小父さんが、ユックリ・ユックリと走っているのが目に入りました。殆ど歩いているのと変わりません。そこで運転手に『あの男の人は、ジョギングをしているのかい、それとも歩いているのかい?』と訊ねたところ、運転手曰く『やー、あの人は、別の「ロードランナー」なんだよ』」

と言ったところ、学生たちは一斉に大声を上げて笑い出した。このジョークはわたしが二か月前から考えていたジョークだった。これが大いに受けたので、すっかり気分も楽になった。そして、今日の講演の内容を次のスライドで示しながら、エーヴィ教授とわたしとは二十年来の親友であり、彼の最近の「心臓脳蘇生術」(Cardiocerebral resuscitation) が世界中で高い評価を受けていることを学生たちに話した。

その後、約四十五分に亘って、「どう学習するか、どう学習しないのか?」という教訓的な講義を英語で行った。わたしの講演が終わるや、学生たちは一斉に立ち上がって拍手をしてくれた。その後、数名の学生たちから質問があったが、何れも非常に真面目な質問であり、心音の記憶法として、音楽のテンポに合わせて聞かせるのも良いという意見が出た。エーヴィ教授も「それは良いアイディアだよ」とコメントした。そして医学教育学の教授が、手を挙げ「今日の話はわたしも非常に参考になった。基本的なことを、もっと学生に教えるべきだということを再認識しました。有り難うございました」といって握手を求めてきた。心臓血管研究所所長のキャシーも「素晴らしい講演でした。有り難うございました。わたしは臨床医ではありませんが、如何に研究するか、あるいはしてはいけないかが、分かりました」と言ってくれた。わたしの講演のために準備をしてくれた秘書のデビーに感謝したが、彼女は「またドクター・タカシナにお目にかかれて良かったですわ。光栄です。またトゥーソンにいらしてください」と言った後、わたしの体を力一杯抱きしめて「さようなら、どうぞ良いご旅行を」と言って別れた。

彼女からはその後、Eメールで「先日のドクター・タカシナの講演会に出席した何人かの学生にコメントを聞きましたが『ドクター・タカシナは凄い知識があり感銘を受けました。それに素早いウィットには感心しました』ということでした」と書かれてあった。

アリゾナ・インへ戻り、翌日四時出発のため準備をしてから、わたしは少し眠った。午後五時に起きて、帰国準備をしている時にエーヴィ教授から電話があったので、急いで洋服を着てロビーに行くと、UA基金のジェームス・モア氏とクリントン、エーヴィ教授の三人がわたしを待っていてくれた。夕食は終始和やかな雰囲気で終わり、わたしは彼らに別れを告げた後、部屋に戻った。

第四一回日本医学教育学会で招待講演

二〇〇九年七月二五日（土）。大阪国際交流センターで前日から始まった第四一回日本医学教育学会の二日目、午前十時十分から、わたしは教育講演「どう学習するか、どう学習しないか」という演題で教育講演を行った。

わたしははじめに紹介を頂いた司会の川田暁先生（近畿大学医学部皮膚科教授）に礼を述べ、続いて今回の大会会長である塩崎均先生（近畿大学医学部長）、実行委員長の松田理先生（近畿大学医学部教育科教授）、会長である伴信太郎先生（名古屋大学医学部附属病院総合診療科教授）をはじめ、準備をされた方々への謝意を表し、演題内容を紹介した。

㈠「わたしが辿った医師への道」

父が何時も生前口にしていた言葉を紹介した。

『医師は人の尊敬を受ける人間にならなければならない』

『癒しは人の為ならず、癒しは神の言葉なり』

というものであった。それは今もわたしの心に生きている。

㈡「チュレーン大学への留学」

㈢「臨床心臓病学へのアプローチ」

わたしのクリニカル・フェローの仕事は七人の学生達を病棟で指導し、黒人外来を受け持った他、研究室で心膜の研究を行った。わたしが受け持った学生達に『七人の侍』のニックネームを付けたが、彼らも大いにそのニックネームが気に入っていたようだ。そして学生たちと一緒に学んだ。当時のチュレーン大学の医学教育は「学生中心学習」あるいは「小グループ学習」の原型となるべき教育が行われてきたことになる。

㈣「どう学生たちは学習するか」

一九六二年に帰国し、淀川キリスト教病院で、午前七時から始まる回診や、早朝回診は全て英語で行われた。わたしたちの積極的な指導によって若い医師たちは全て、ＥＣＦＭＧの試験に合格し、アメリカに留学することができた。現在もわたしは朝七時から仕事を続けているがその姿勢は変わってない。

㈤「学習環境を改善する」

一九七六年にマートンとサルジオ（Marton & Saljio）という二人の教育学者が、新しい教育法を提唱するようになるまで、世界の大学教育は旧来のままであった。彼らが分類した学習法は①表層学習、②深層学習、そして③認知学習であった。彼らが世界の教育方法に新風を巻き起こしたのである。しかし、医学部だけがこの教育法をすぐに取り入れようとはしなかった。それは医学の特殊性によるものだろう。そのため医学教育の革新が遅れた。

(六)「教育アプローチを改善する」

新しい教育方法を取り入れることで、小グループ教育の実践が如何に大切かを強調した。ここでわたしは一九八〇年にサンフランシスコで開催されたアメリカ心臓病学会のフェローの授与式出席、記念講演を行った往年の喜劇俳優「ダニー・ケイ」の話を披露した。この話は多くの参加者に感銘を与えた。

(七)「自ら学習方策を開発する」

学習には自ら革新的な学習方法を取り入れる必要があり、わたしは医療面接が臨床医学の基礎であり、また臨床手技の修得にはシミュレータ教育が重要であることを述べ、心臓病患者シミュレータ（イチロー君）の開発や、その臨床教育への役割について述べ、指導医が更に自己研鑽に励む必要があると述べた。

(八)「臨床には三つの言語がある」

わたしが一九七二年に提唱した「臨床の三つの言語」として「日常語」「身体語」「臓器語」を理解することが大切だが、今の若い臨床医には十分に理解していない人が多いことが残念であると評した。

(九)「日常診療で注意すべきこと」

最後に日常診療で失敗は許されないことであり、患者の信用を失わないように努力しなければならないことを指摘した。そして自分はもう年だからと新しいことにチャレンジすることをためらう人がいるが「老犬に新しい芸を教えられないと言ったのは誰だ。しかし、あなたは決して年をとり過ぎたから、学習することができないことはない」というイギリスの諺を紹介した。

最後にスライドで「既に完成された教育法はない。どうか参加された皆様方もどう学習するか、どう学習しないかという問題について一緒に考えてみようではありませんか」という言葉でわたしの講演を終わった。司会者の川田教授が、

「日本ではどうして最近はアメリカに留学しようという若い人が減っているのか?」

という質問があり、わたしは、

「今はハングリー精神を持って自分で学習しようとする人が少ない。わざわざアメリカに行かなくても、日本だけで十分勉強が出来ると考えているからではないかと思う」

と答えた。

そして台湾のドクターが英語で、

「What do you think which one is more important, how to learn or how not to learn? Are they in equal level or not?」（貴方は「どう学習するか、どう学習しないか」のどちらがより重要だと思われますか?・）という質問があったので「There are so many information available, however, you have to choose which one is important to you. You may discard many information, which is not necessary to you. I believe how to learn and how not to learn are both on equal level.」（毎日溢れるような情報がありますが、それは自分自身で選ばなければなりません。自分で不必要だと思った情報は捨てることです。わたしは「どう学習するか、とどう学習しないか」は同じレベルのものだと思います）と英語で答えた。

最後に、司会の川田教授から感謝状と記念品を受け取り、わたしの医学教育学会における記念すべき講演が終わった。

第4章

2004年春

2016年夏

木製チェストピースの作成

ラエネックが一九世紀初頭に初めて木製の筒を聴診器として診断に応用したのであれば、二一世紀の現在、エコロジーの観点からも製作費用も安価な木製チェストピースを試作し、従来の聴診器と比較して、果たして差が見られるだろうかという素朴な疑問を数年前から、抱くようになった。

まず木製チェストピースを作成するに当たり素材を調べ始めた。その結果、バイオリン、マリンバ、オルゴールなど各種弦楽器に使われている音響特性に優れた硬い木質素材として、花梨（かりん＝Chinese quince、日本をはじめ中国および東南アジア産）を選んだのである。

花梨を素材にしたチェストピースは、小児や老人患者で使用されることを前提としてハート型（L-scope）とし、内径を等しくし、深さ一二ミリの半ドーム型に彫った。続いてわたしは素材にパドゥク（Padoauk：東南アジア原産）を選択した。成人用に従来の聴診器のチェストピースと同サイズの、外径は丸型、高さ二六ミリの木材を、深さ一二ミリのドーム型に彫りチェストピースを作った。まずチェストピースのドーム中心に電気ドリルで直径四ミリの孔を開け、これと上部側面に開けられた四ミリの孔へ曲線をつけて開通させ、真鍮製集音チューブを固定する。更に表面部分はサンドペーパーで仕上げ、透明ウレタン・ニスを三回塗布して完成。これをK-scope（Kとはわたしのニックネーム〝Ｋａｙ〟）と名付けた。

こうして出来上がった聴診器のチェストピースを使って、従来の金属製の聴診器による心音や心雑音の音響と比較してみたところ、驚いたことにほとんど遜色のないことが分かった。それに音の伝播にはチェストピースだけではなく、音を伝える集音チューブ（ゴム製、あるいは塩化ビニール製）や、イヤーピース（耳に入れる部分）も問題になってくる。この集音チューブやイヤーピースを全て同一のものとして、チェストピースだけを変えてみたところ、果たせるかな、木製チェストピースの方が金属製チェストピースに比べて、はるかに音質がやわらかく清澄である。しかも高調から低音の広い音域にわたって、心音・心雑音が原音のまま耳に達することが分かった。では何故、木製チェストピースの方が耳にやわらかい音質として聴こえるのか。それは、喩えてみれば、あ

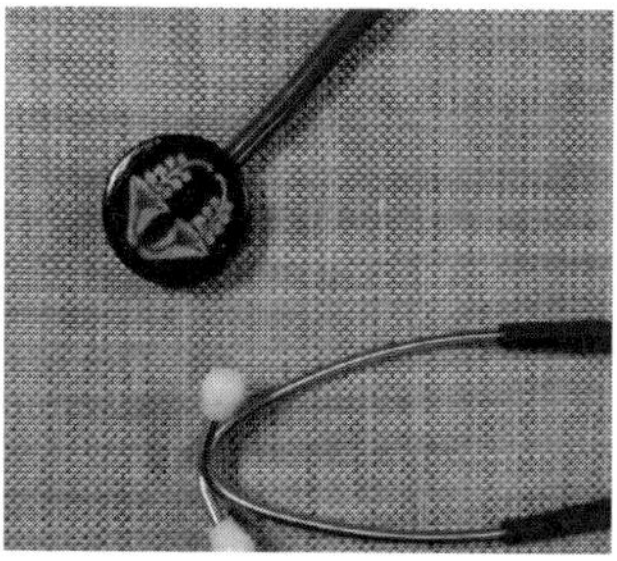
木製チェストピース（家紋入り）

たかもピアノの鍵盤を叩いた時に一つの弦が余韻を残さないためにピアノにはやわらかいフエルトのストッパーが弦の振動を止める役目を果たしている。これが膜面型(diaphragm)チェストピースの働きだが、木製チェストピースにはフエルトのストッパーとなる膜面が具備されていないために、心音や心雑音が原音のまま伝わり、余韻のある音として聴こえると考えれば説明がつくかもしれない。

弦楽器の形の謎

ある日、音楽に全くの門外漢であるわたしが、ある作曲家に「ギター、バイオリン、チェロやコントラバスという楽器は、どうして世界中共通の形をしているのでしょうか?」と素朴な質問を投げ掛けてみた。しかし、相手は「さあ?」と首を傾げて、よく分からないと言う。わたしの推測するところでは、これらの楽器の原型は恐らくかなり角張ったものだったに違いない。それが時代とともに音響学的にも改良され、芸術的に見た目も美しく、洗練された流線型の二つの膨らみを帯びた形になってきたのだろう。

粋な人間に言わせると、その形状は女性の体の線に似せて作ったものだから、その楽器を使って演奏している音楽家はいつも女性を傍らに感じて、とても幸せなのだという。同じ質問をわたしの友人O氏（イギリス人で英文学教授）に聞いたところ、奥様もある大学で教鞭を取る傍ら、同時にバイオリン奏者であることを知った。彼は意外な話を口にした。その話はこうだ。世界の名器「ストラディバリウス・デュランティ」は行間に潜む情感を描ききる演奏ができる楽器で、ストラディバリウス・ミュージアムでは、毎日開館する前の十五分間、楽器にクラシックの名曲を聴かせるという。つまり木製の弦楽器は生きているというわけだ。

植物に毎日声を掛けてやると成長が良くなるという話を耳にする。それは人間の心が植物にも伝わると考えている人がいて、テレビでかつてそういった内容が放送されていたと記憶する。どんな材質の木材であっても、地上に生えていた時には日々成長を続けていたのだ。しかし、伐採された後には生命が失われてしまうのだろうか？

ある木材は大きな建造物の建築に使われ、時には寺院の仏像として国宝ともなり、また仏壇、家具、生活必需品にも使われ、またある木材はピアノやギター、マリンバ、そしてオルゴールなどの楽器になり、さまざまな形となって、人間の生活に欠かすことのできないものとなっている。木材は地上に生えていた時と姿が変わっても、植物

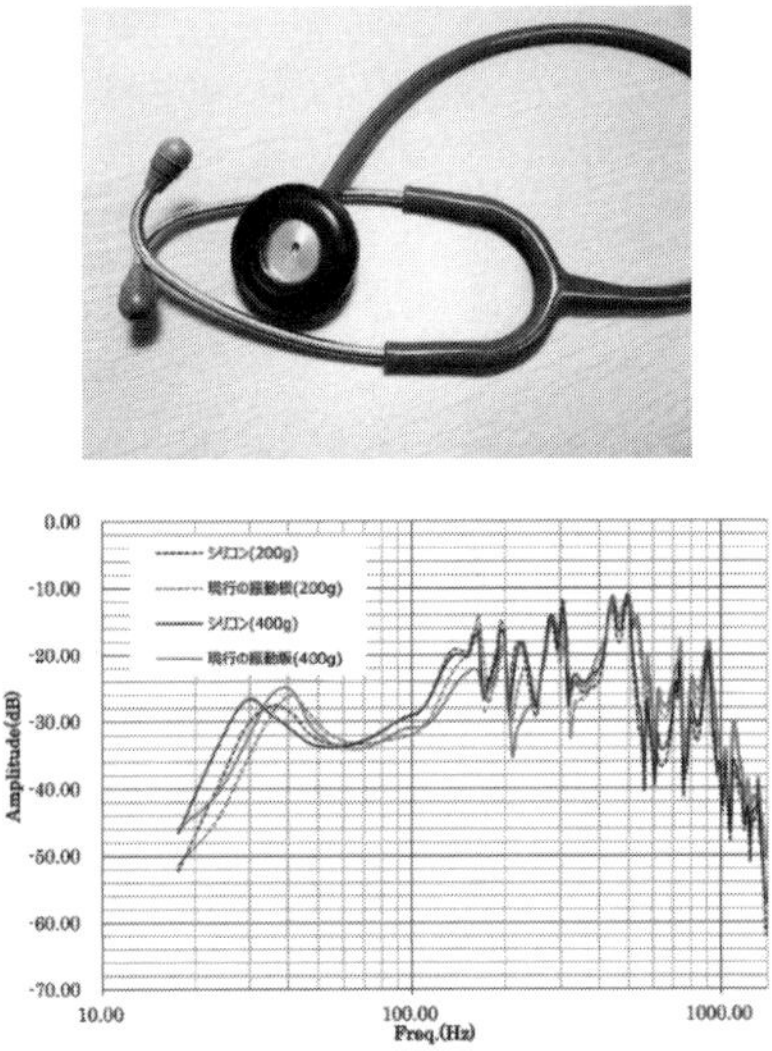

「可伸展型ダイアフラム聴診器」

の生命は生き続けているのではないだろうか。

「ストラディバリウス・デュランティ」のような名器は勿論のこと、世界中の音楽家がオーケストラの演奏に使っている楽器の音色の美しさは、我々を思わず時空を超えた別世界に誘う安らぎを与え、魅惑的な雰囲気に誘う。そしてわたしは客観的に音響分析を行うため、各聴診器のイヤーピースの部分に高感度の小型ピンマイクを接続して、わたしが一九九〇年に開発し特許を取得した「心臓聴診シミュレータ」から心音を出力させて五名の心臓病専門医、そして七名の内科医に聴診してもらい、彼らの木製チェストピースに対する評価を聞き、コンピュータに入力して音響分析ソフトを用いて分析を行った。

木製チェストピースは楽器

果たせるかな、その結果は全くわたしの予想した通りで、木製チェストピースが金属製チェストピースとほとんど変わらないという客観的評価を与えてくれたのである。その後、既に二十五種類の様々な形状のチェストピースを作ってテストを行っており、これが現在のわたしの趣味になっている。以上がわたしの木製チェストピース製作物語であるが、チェストピースには従来の金属製のような冷たさはない。診察の際には、患者さんから「柔らかな木の温もりが良い」と大好評である。そして膜面型のフィルターを通してカットされてしまう低音部分の微妙な三音や四音（若い健常者ではあまり聴かれないが、老人になって心筋の弾力性が低下してくると聴こえる心音）を、見事にキャッチしてくれる。

最近、テンプル大学医学部のドクター・バエレット（Dr. Micheal Barrett）が監修した「CD-R・心音や心雑音」を「ハート・ソング」（Heart Songs）と呼んでいるように、各疾患特有の心音や心雑音は、心臓が一心拍ごとのリズムとともに奏で続ける「心臓の歌声」なのだ。どうやらわたしの木製チェストピースは、「ストラディバリウス・デュランティ」のような名器とその形が異なっても、冒頭に述べた「聴診器は生きている」というタイトルの通り、心音や心雑音の原音の響きをそのまま耳に伝えてくれる、素晴らしい「楽器」である。

近い将来、若い医師達がこの聴診器によって、聴診に新たな魅力を感じてくれる医療機器として役に立つであろうし、この考えは誰でも理解してもらえるのではないだろうか。その後も日曜日や休日に、家庭で木片を彫ってチェストピースを創る仕事に励んでいる。しかし、仕事を始めようとすると、近所に大きな音がすると言われ、できるだけ鋸やドリルの音がしないよう四方八方に気を遣い、随分肩身の狭い思いをしている。残念ながらこれが頭痛の種であった。

東日本大震災

二〇一一年三月一一日午後二時四六分。日本の歴史上忘れることのできない東日本大震災が起こった。大阪のオフィスにいても長い時間の横揺れを感じたのだ。その直後からテレビの画面には、信じられない地震に続いて起こった大津波の映像が映った。車や家屋をなぎ倒していく津波の恐ろしさをわたしは生まれて初めて見た。二万人を超える死者や行方不明者、そして被災された方々、国民の全てが暗い気持ちになった。

それに追い討ちをかけるように起こった福島原発の大事故は、日本がかつて経験したことのない国難となった。海外の多くの国々も援助の手を差し伸べている。

これから何十年もかかっていくだろう復興への道程は険しい。そして同時に我々は第二次世界大戦に敗れた時の苦しみを、もう一度味わうことになるのだろうか？　日常生活の便利さに慣れた日本人にとってこれからが試練の時だ。政治家も党派を超え、心を一つにして国難に立ち向かわなければならない。二一世紀のはじめに起こったこの甚大な自然災害に対して、それを日本人が挫けることなく乗り越える力と叡智が試されるのだ。国民の一人一人が日常生活における余分なものを節約し、東北の方々と物心両面で助け合い、力強く復興を果たし、もう一度、美しい国を取り戻したいものである。日本中の医師をはじめ、医療関係者が何とか医療崩壊と言われる現状から脱却し、安心して生活のできる国の生活を取り戻したいものだ。

またわたしの夢の一つであった新しい「可伸展型ダイアフラム聴診器」を二〇一六年九月東京工業大学の清水優史教授らと共に開発し、権威ある循環器専門誌「サーキュレーション・ジャーナル」（CIRCULATION J.）に発表した。特徴は低周波域の第三音・第四音の聴診に優れていることだ。既にケンツメディコ社から製品化され

「TSphonette」の名称で呼ばれ、国内外にも反響が広がっている。木製聴診器がステンレス製に変わったのには理由がある。黒壇や紫壇のような木材は大量生産に向いていないことと、作業中に破損する恐れがあったためである。論文投稿に際し当時エディターだった東北大学医学部循環器内科の下川宏明教授（現在国際医療福祉大学・大学院医学系研究科教授・副大学院長）にはお世話になったことを御礼申し上げたい。

第5章

2017年秋
2022年秋

オンライン教育への道・「アイパクス」（ｉＰａｘ）の登場

二〇一七年の秋、ジェックス研修センターでわたしは一人のスマートな紳士に出会った。彼がテレメディカ社長の藤木清志氏であり、九州大学名誉教授の荒川規矩男先生の紹介で来られたことがはじまりである。

藤木氏がわたしに提示したのは、オンラインで送られてくる心音・心雑音を聴診するため独自に開発された聴診訓練用スピーカー「聴くゾウ」が一体になった教育システムで、既に日本の特許を取得しており「聴くゾウ」の円形シリコン振動板上に聴診器を置けば、何時どこでも聴診ができ、またスマートホンやタブレットに聴診アプリを入力すれば聴診の自己研修ができる教育アプリであり、素晴らしいと思った。それに加えて藤木氏が誠実で勉強熱心な方であることにわたしは共感を覚えた。更に何よりもの強みは、テレメディカ社を立ち上げる前に現役の薬剤師であり大手製薬会社の医薬情報課長を務めておられたこと、また青山学院大学大学院でＭＢＡの資格を取得した稀に見るベンチャー企業の担い手であった。

それ以来、わたしはアドバイザーの一人として「聴くゾウ」の音質や各心疾患の心音・心雑音を提供していこうということになった。ある日、わたしは「聴くゾウ」の振動板に手掌を置くと、心音や心雑音の振動が伝わってくることに気付いた。紛れもなく「聴くゾウ」は「触診器」でもあったのだ。そして彼は源から分岐ケーブルを使って二台の「聴くゾウ」を使えば見事に聴診しながら脈拍を触れることを実証したのだ。そして遂に米国特許も取得した。

ある大学医学部循環器内科の医師から「各聴診部位で心音・心雑音が変わるようなアプリはできないか？」という質問を受けた。わたしはその話を聞き、すぐに長男の「經幸」が学生時代に描いてくれた男性の胸部イラストを思い出した。

「藤木さん、実はわたしの長男が以前に描いてくれた男性の胸部イラストがあるのですが、如何でしょう？」

「それは是非拝見したいと思いま

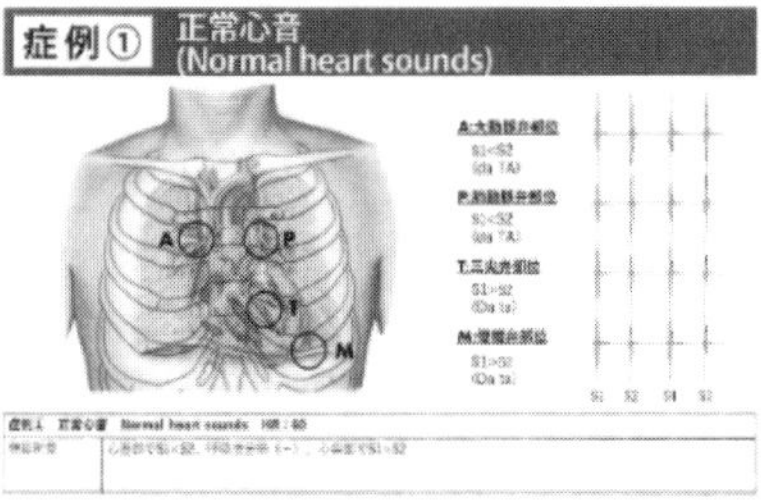

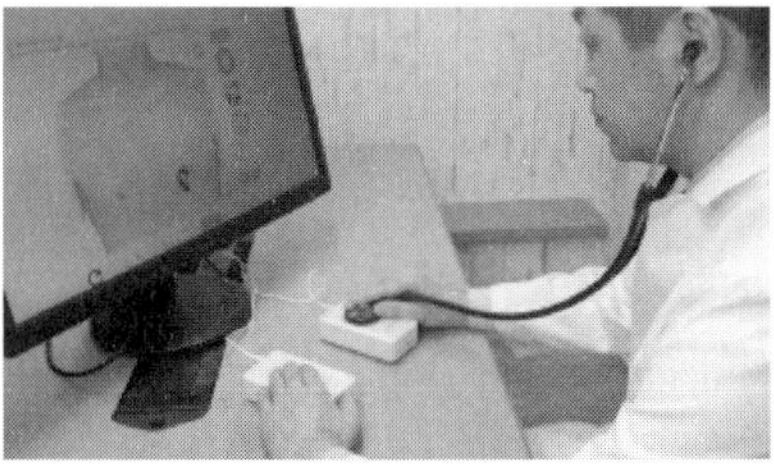

聴診研修用「聴くゾウ」は触診器でもある。
図は各聴診部位の心音図を示す。

す」

と藤木氏はすぐに対応した。更に自身のコンピュータや、スマホにも使用でき、自身で情報を入力しておけば、オフラインとして音源を何処にでも持ち運びできる。胸部イラスト上で典型的な聴診部位「大動脈弁部位」「肺動脈弁部位」「三尖弁部位」と「僧帽弁部位」に聴診器を当てることで、聴診ができる三次元的な教育システムが出来上がった。既に藤木氏は日米の特許を取得し、医師国家試験問題にも採用されることが決まった。今後、国際的な臨床医学教育に貢献することであろう。わたしも聴診技術向上のため、このプロジェクトに参画したことを誇りに思っている。**これが第十三の「チャレンジ」である。**

エピローグ

二十代の後半に自分の進むべき道を選んだのが、臨床心臓病学であった。また人生の先達であるあらゆる職業の方々から、貴重なアドバイスを率直に聞き、気力と体力の許す限り一生現役として働きたいと思っている。

アメリカ南部の詩人サミュエル・ウルマンが「青春の詩」の中で「青春とは人生のある期間を言うのではなく、心の様相を言う。二十歳の青年に八十歳の老人もおれば、八十歳の老人に二十歳の青年がいる。人は年とともに皮膚に皺もよるが、人が希望を失い、心が萎んだとき、初めて老いる」という有名な一節があるが、わたしは正にその通りだと思っている。ウルマンの言うように、人は一生現役として努力を惜しまず、ひたすらに情熱を持ち、自らの内的充実を図り、活動することが大切だ。

文中ではお世話になった方々には実名で登場して頂き、原稿執筆にご協力を頂いた方々、特に（イチロー君）の開発に至る様々な過程で、ご協力頂いた方々との交流を描いた。またインターメディカ社の小沢ひとみさんには『やってみようよ！　心電図』

が二年間連続でベストセラーとなり、その編集に献身的な努力を払って頂き心から感謝の念を表したい。わたしが少年時代から持ち続けた発明家になろうとした夢のかけらが実ったことは大きな喜びである。

人には、それぞれ自らの歴史がある。喜怒哀楽を味わって、初めて人は人生の意味を理解し成長する。そして「自ら歩んできた道」を振り返ってみた。人生には「三つのM」が必要であると思う。それは㈠使命感（Mission）、㈡師匠を持つこと（Mentor）、㈢時に反省する（Mirror）時が必要である。自分が正しいと思っていたことが時には脇道に逸れていることがあり軌道修正をする必要がある。

わたしが社会人の一人として絶えず抱いている理念とは、

1．活動的であれ（be active）
2．忍耐強くあれ（be patient）
3．思慮深くあれ（be thoughtful）
4．正直であれ（be honest）
5．謙虚であれ（be humble）
6．協調性を持て（be cooperative）

7．時間を守れ（be punctual）

8．創造性を持て（be creative）

というものだ。人はともすれば安易に流されがちである。しかし、何時も自らを律することで、己の道を見失うことはない。わたし達子供を育ててくれた両親には、感謝の気持ちで一杯である。今まで出会った内外の素晴らしい人達から人生は如何にあるべきかを教わった。それがわたしの知的財産となった。

ここに紹介した幾つかのエピソードは、戦争の時代を生き抜いた人でなければ知り得ない話だったと思う。と同時に戦争のことを全く知らない世代の人々に、自らの体験を伝えなければならない責任をこの小著に込めた。読者の皆様方には、一人の人間の歩んだ道程を追いながら、少しでもお役に立てたとすれば望外の喜びである。

わたしは今までに幾つかの予期しない困難を味わった。人生とは皮肉なものだ。わたしは二〇〇四年四月に前立腺がん（一三か所の骨転移）に罹患した。三年間の抗がん薬治療と注射で、ＰＳＡの値も正常となり、集中放射線治療を受けた結果、治癒したものと考えられたが、二〇一九年一月に再発性前立腺がんを発症したため治療中である。

二〇二一年五月と二〇二二年十月の二度、低い椅子から立ち上がろうとした時、後方に転倒し腰椎圧迫骨折を起こした。これはわたしの不注意だった。生理的年齢は既に満九三歳を超え体力的には十年前の自分ではない。しかし、自らの免疫力を高め、今後も後輩のため臨床心臓病教育を続けようと思う。気力と体力の許す限り何時までも様々な新しいことにチャレンジしようと考えている。一九五八年に結婚して以来、今日までわたしと共に助け合い、頑張ってきた妻の「幸子」そして、長男の「經幸」次男の「經啓」とその家族に心から感謝したい。今日までわたしを国内外で導いて頂いた全ての方々に敬意を表したい。

「世界には数十億の挑戦者の物語があった、そしてこの話もその一つだった」

“There were billions of the stories of challengers in the world, and this has been one.”

参考文献

1　Takashina T, Lazzara,R, Cronvich J, and Burch G.E.: Studies of rates of transfer of D_2O, H_3, Cl^{36}, $Na^{22}$and Mg^{28} across the isolated pericardium of dogs. J Lab & Clin Med, 1962,60: 662-668.

2　Takashina, T. and Yorifuji, S; Palmar Dermatoglyphics in Heart Disease, JAMA, 1966: 1979, 689-692.

3　Takashina, T., Yamane, K. and Sugimoto, M.: Electrocardiographic Findings in 2, 391Cardiac and Non-Cardiac Patients in Japan. Japanese Circulation Journal 1966; 30(7): 869-873.

4　Takashina, T. et al;The congenital cardiovascular anomalies of the interruption of Aorta-Steidele's complex. American Heart Journal

5　高階經和、白木正孝：英語による新しい回診、淀川キリスト教病院誌．一九六四．

6　高階經和、依藤進：心臓病へのアプローチ、医学書院、一九六九．

7　高階經和：心電図を学ぶ人のために、医学書院、改訂四版二〇〇五．

8　Takashina T, Masuzawa T, Fukui Y: A new cardiac auscultation lator. Clinical Cardiology. 1990;869-872.

9　高階經和：スピリット　平成の出島ものがたり、集英社、一九九〇．

10　高階經和：やってみようよ！　心電図、インターメディカ、二〇〇二．

11 Takashina T, Shimizu M, Katayama H: A New Cardiology Patient Simulator. CARDIOLOGY, 1997;88: 408-413.

12 Takashina, T., Shimizu, M., Muratake, T., Mayuzumi, S.: New Stethoscope With Extensible Diaphragm, CIRCULATION J. 2016; 80(9):2047-2049.

【著者紹介】

髙階 經和（たかしな・つねかず）

一九二九（昭和四）年十二月四日生まれ

職　業：医師（循環器専門医）、アメリカ心臓病学会名誉会員（ＦＡＣＣ）、アメリカ心臓協会名誉会員（ＦＡＨＡ）

略　歴：一九二九年、大阪生まれ。神戸医科大学（現・神戸大学医学部）卒業後、米国チュレーン大学内科に留学、臨床心臓病学専攻。淀川キリスト教病院循環器科医長、神戸大学医学部講師、大阪大学歯学部講師、チュレーン大学内科客員教授、マイアミ大学医学部客員教授、名古屋大学保健学科講師、アリゾナ大学医学部客員教授、近畿大学医学部客員教授などを歴任。現在、公益社団法人臨床心臓病学教育研究会理事長。専門は、心臓病、循環器内科、日本循環器学会専門医、日本内科学会認定専門医、米国心臓病学会名誉会員、米国心臓協会名誉会員、日本エッセイストクラブ会員。アメリカ心臓病学会名誉会員（ＦＡＣＣ）、アメリカ心臓協会名誉会員（ＦＡＨＡ）。

特許取得：US 6,408,200 B1（June 18, 2002）

受　賞：大阪府医師会学術最優秀賞（一九八一年）
日本心臓病学会教育貢献賞（二〇一二年）
日本医学教育学会・日野原賞・優秀賞（二〇一三年）

チャレンジ
My Challenge

印　刷　2023年５月10日
発　行　2023年５月25日
著　者　髙階經和《たかしなつねかず》
発行人　小島明日奈
発行所　毎日新聞出版
〒102-0074
東京都千代田区九段南1-6-17 千代田会館5階
営業本部：03（6265）6941
企画編集室：03（6265）6731
印刷・製本　三松堂印刷

ISBN978-4-620-55015-2